Handbook for creating a self-governing local community

# 地域自治の
# しくみづくり
## 実践ハンドブック

中川幾郎 編著

相川康子・阿部昌樹・直田春夫
三浦哲司・田中逸郎・馬袋真紀
飯室裕文・板持周治・松田泰郎 著

学芸出版社

　私たちが、前著『コミュニティ再生のための　地域自治のしくみと実践』
を上梓したのは、2011年夏である。当時は、その年の3月11日に発生
した東日本大震災の記憶が生々しく残り、東北の過疎地域での災害対応や
復旧・復興のあり方が議論になっていた。その議論は、阪神・淡路大震災
（1995年）の教訓を踏まえたもので、とくに災害の初動期や災害関連死
の防止、復興まちづくりの計画づくりにおいて、地域コミュニティをベー
スとした対応が極めて重要であることが、2つの震災を通じて痛切に認識
された。

　前著で私たちはこれらの危機意識をふまえ、人口減少が本格化する前に、
地縁型（地域コミュニティ）組織とボランティアなどのテーマ型（アソシ
エーション）組織が補完しあうコミュニティ政策として、地域自治のしく
みづくりを急がねばならないことを指摘した。

　それから10年余、このしくみに基づく組織は、「小さな拠点・地域運
営組織」（内閣府）や「小規模多機能自治」「まちづくり協議会」「住民自
治協議会」など、名称や構成に差異はあるものの、日本全国で急速に広が
りつつある。政府のまち・人・しごと創生総合戦略2015年改訂版で、中
山間地域等での集落生活圏の維持策として「『小さな拠点』の形成」が盛
り込まれて以降、毎年、内閣府による実態調査も行われている。

　それによると、2020（令和2）年5月末時点、560市町村2017ヶ所
で「小さな拠点」が形成され、うち市町村版総合戦略に位置付けられてい
る組織は、351市町村に1267ヶ所あるという。これは、全市町村数の約
2割が、地域自治や地域運営組織に関する制度を、何らかの形で取り入れ
ていることになる。

　これらの組織は自治会・町内会等の地縁組織と、行政の施策目的別に作
られてきた地域団体とを統合し、さらに個人有志やNPOなどのアソシ
エーション的な団体、事業者ら新たな人材も加わることで、自治力を高め、

地域の「持続可能性」を高めるのに有効な手立てでもある。しかし、担い手の世代交代や協力者の広がりが見込めない限りは、時間の経過に伴って、役員の高齢化が進み、活動の停滞や組織の衰退が避けられない。つまり、他の多くの制度や施策と同様に、住民自治協議会等のしくみにも有効期限や限界がある、ということだ。

　平成の大合併時あるいはそれ以前から制度があった先進地域では、徐々にこの段階に入りつつある。そこでは、目指すべき地域の姿や活動の方向性として、地域の「活性化」だけではなく、さらに人口減少が進むことを見越して「緩やかな撤退」や「〇年後に村おさめ」することも視野に入れ、体制や活動の見直しを考えなくてはならない段階が迫ってきている。もちろん、これは「活動の放棄」ではない。それは、今そこにいる人たちがそこで生ききることができるよう、生活環境の急激な劣化を防ぐために精いっぱいの手を尽くすことを大前提とした、持続可能な地域社会づくりの取組みなのである。

　本書は、地域自治システムが全国展開してきた今だからこそ、見えてきた課題を整理し、近未来を展望すべく編集された。地域自治システムの理念や重要性が広く知られるようになったとはいえ、その制度設計や運営の実態は玉石混交であり、地域リーダー層の考え方や行政担当者の熱意といった属人的要素に左右される部分が少なくない。ではあるが、幾つかその「王道」というか、「ここを押さえるとうまくいきやすい」という事柄も見えてきたし、反対に「これを疎かにするとうまくいかない」という事柄も見えてきた。

　第Ⅰ部では、「地域自治のしくみはなぜ必要なのか」と題して、これまで各地で実践されてきた経過を全体的に振り返る中で、改めて明確となってきた課題を整理し、今後向かうべき方向を提示する。

　第Ⅱ部では、いわゆる「住民自治協議会」と行政による地域コミュニティ政策を、参画・協働関係によってつなぐ「地域自治システム」を構築するに当たって、その制度設計の要点を明らかにする。次に「住民自治協

議会」をどのようにつくり、運営するのか、また、行政や中間支援組織の支援のあり方と役割を明確にする。

第Ⅲ部では、各地の実践事例からその特徴や成果を学ぶとともに、なお残る諸課題や今後の展望を探る。併せて、各地の現場から寄せられるさまざまな疑問に対する回答やアドバイスを、Q＆A方式で記述した。

本書が、地域社会の現場で世話役、リーダーとして尽力されている方々や、地域コミュニティ政策を担当する自治体職員の方々のお役に立てることを、心から願ってやまない。

＜本書における用語の定義＞

本書では「地域自治システム」を、持続可能な地域社会づくりという共通の目標に向けて「住民自治の充実」と「団体自治の改革」とが、互いに乗り入れ、参画・協働しながら事業や施策を展開していく全体像、として定義している。自治体全体の改革を前提としており、従来の行政部局ごとに地域団体に補助金を出すような施策・事業とは、まったく質が異なることに留意されたい。自治体条例などで、地域自治について規定し、住民団体とどう連携・協働するかを規定した自治立法的制度や、それに基づく官・民のサポート体制を「しくみ」と称し、各地に設立された住民組織は、固有名詞を除き「住民自治協議会」（略称は「自治協」）と記述する。以下の図は、その見取り図である。

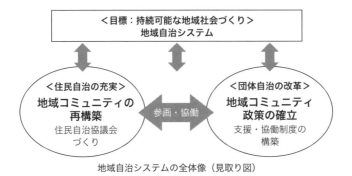

地域自治システムの全体像（見取り図）

また、従来からほとんどの地域に存在する住民の互助組織（自治会や町内会、隣保、区長会など地域によって呼び名が異なるが「地縁組織」と称される）については「自治会・町内会等」と記述する。また地域内には「自治会・町内会等」のほか、行政各部局からの依頼により 1970 〜 80 年代にかけて主として校区単位で結成された「施策目的別地域団体」も、多数存在している。このようなコミュニティ的団体とアソシエーション的団体の重層構造については、第 2 章で整理している。

　住民自治協議会（自治協）については、本書に随時盛り込んだ事例で明らかなように、組織の形態や予算規模、実施している事業など多種多様だが、以下の定義にあてはまる組織を想定して読み進めていただきたい。

　「おおむね小学校区かそれよりも狭い、いわゆる〈顔の見える〉範囲をベースに、全ての住民を構成員とし、自治会・町内会等の地縁団体、校区福祉会や青少年育成協議会のような施策目的別の地域団体、さらに個人有志や NPO などのアソシエーション的な団体、事業者、学校園など新たな人材も加えた体制で地域を運営する組織。合意形成機能（総会、役員会、評議委員会など）と事業の実施機能（事業部会）を持ち、防災・防犯はもとより、生涯学習、地域福祉、環境保全、地域経済振興、地域文化（祭、民俗芸能等）の継承など多様な分野で、地域の課題を解決し、安全・安心に暮らせるための活動を行っている」（71 頁図 2、72 頁図 3 を参照）

中川幾郎

# 目次

# 第Ⅰ部

# 地域自治のしくみは
# なぜ必要なのか

# 第1章 地域自治の現状と課題

相川康子

　まずは、地域コミュニティや住民自治協議会（以下「自治協」という）をめぐる「現状と課題」から始めよう。自治協の設立の契機や制度設計のタイプ（型）を概観した後、統計データ等から内外の状況変化を捉え、どのような創意工夫が必要かを考察する。今なお検討が不十分な課題をいくつか挙げ、昨今のコロナ禍の状況についても触れてみたい。

## ■1 住民自治協議会設立の契機と目的

　自治協に類する地域組織の設立が検討された契機は、1995年に起きた「阪神・淡路大震災」と、1999年から始まり2004〜06年にピークを迎えた「平成の大合併」である。

　阪神・淡路大震災では、助け合いの大切さが再認識され、近所付き合いが薄れがちな都市部においても、平時から交流事業や福祉活動を行い、いざというときは高齢者らの避難支援や地域の避難所運営等を行う組織が必要だという認識が広がった。

　一方、合併の関連では、第27次地方制度調査会の答申（2003年11月）で、空間域が広がった後の住民自治を充実させるために「地域自治組織」を設置できるようにすべきと明記され[1]、2005年4月施行の新合併特例法で地域自治区（合併特例制度）と合併特例区の制度が整えられた。地方自治法上も2004年5月の改正で一般制度としての地域自治区の設置が盛り込まれ[2]、総務省によると2022年4月1日現在、一般制度の地域自治区は13団体（128自治区）、合併特例の地域自治区が5団体（12自治区）、地域審議会は8団体（21審議会）あるが、合併特例区はもはや存在しない。

　市町村合併を機に自治協設置に着手した自治体の中には、地域のまとまりを維持したいという思いのほか、新・自治体で支所等を縮小・閉鎖して

いく中で、住民自治を強化し、行政と住民組織との協働関係を構築する、という明確な方針を掲げたところがいくつかあった。その際、前述の法制度は使いづらかったため、独自に条例や要綱を制定して制度を構築した自治体が多く、前著では、その典型事例として兵庫県朝来市や三重県の伊賀市や名張市を取り上げた。

その後の展開は、多種多様である。自治基本条例で自治協の設立根拠や認定要件をきっちり規定したところもあれば、既存の地域団体を集めて「協議会」の冠をかぶせ、要綱等でざっくりと位置付けたところもある。行政からの財政支援も、一括交付金や統合補助金等、使途を自治協の裁量にある程度委ねるかたちで100万〜1千万円単位のまとまった金額を出しているところもあれば、従来どおり数万〜数十万円程度の活動助成費を事業や施策ごとに渡しているところもある。

設立の時期や目的をもとに、大まかなタイプ分けをしてみよう。自治協には「合意形成機能」と「（特定）事業の実施機能」の二つの機能があり、多くの組織はそのどちらも併せ持つが[3]、どちらをより強く意識するかで性格が異なる。

合併を機に住民との協働を模索した自治体は、自治体内分権の受け皿として自治協を位置付けようとした。名張市や朝来市はこれにあたり、中でも三重県伊賀市の住民自治協議会は、総合計画や当該地域に関連が深い施策に関して、市行政から諮問を受け、自治協として答申を出す権限を持っている。

他方、事業実施に重きを置くタイプは、中山間地域に多く見られ、地域活性化を掲げて特産品開発や観光・交流施設の運営を行うなど、有志が先行してコミュニティビジネスを実践している。これには、自治協の部会やプロジェクトとして始まり、その後独立して株式会社や特定非営利活動法人になる場合と、既存の事業体が自治協の部会やプロジェクトとして位置付けられる場合とがある。

伊賀市など分権志向を「総合型」、活性化重視を「事業先行型」とする

ならば、現在、住宅都市を含めた多くの地域で一般的に見られるのが「総力戦型」である。自治会・町内会等加入率の急速な低下や、既存の地域団体を支える役員らの高齢化を危惧し「校区単位でまとまればスケールメリットを発揮できる」との思いから結成される。第4章や第6章で示すような手順を踏み、有志の個人やテーマ型団体、域内の事業者や学校園も誘い込んで、担い手を増やすことができれば、地域の持続可能性や民主度は高まるだろう。しかし、既存組織の役員だけで屋上屋を重ねるようなやり方では、効果はあまり期待できない。

地域自治システムの構築は基礎自治体の自治事務である以上、多様な制度となるのは当然のことだが、そこには、各自治体の地域コミュニティ政策や協働に関する本気度が現れる。人口減少の予測とそれに伴う税収や職員定数の減少を見定め、住民と危機感を共有しつつ、庁内一丸となって自治協への権限移譲や自立化に取り組むのか、それとも「流行だから」と形ばかりの組織を作り、年数回のイベントに助成金を出す程度でお茶を濁すのか——その差は既に明らかであるし、今後10年間でさらに広がるだろう。

今世紀初頭に制度を構築した「先進自治体」も、うかうかしてはいられない。活動メンバーの固定化、高齢化に加え、ここ四半世紀の間、人々のライフスタイルや社会情勢は大きく変化した。当初決めた体制の維持や計画の遂行が難しくなり、コロナ禍を理由に休止している事業も多い。次節では、国勢調査（国調）や総務省労働力調査など幾つかのデータから、自治協をめぐる状況の変化を確認しよう。

## ２ 自助・互助 / 共助・公助のバランスの変化

「自助・互助 / 共助・公助」[4) は、おおよそ四半世紀前、阪神・淡路大震災（1995年）後に災害対応を強化するにあたってのスローガンである。当初は、災害時は行政も被災して公助に限界があるため、自ら備える（自助）とともに互助 / 共助（住民同士の助け合いやボランティアらによる支援）を充実させよう、という意味合いで使われていた。その後、地域福祉

や健康づくり等の政策分野で多用され、2020年9月から1年余、政権を担った菅義偉首相も＜自助・共助・公助そして絆＞をスローガンに掲げていた。

　しかし、この四半世紀で家族の支え合いを含む「自助」がかなり劣化し、地域のコミュニティワークを担える人材も少なくなっている。

### (1) 世帯：単独世帯の増加と子どもがいる世帯の減少

　社会保障政策ではいまだに働き手の父親と専業主婦、子ども2人の4人家族が「標準世帯」とされているが、2020年国調によると、構成員が4人の一般世帯は11.9％に過ぎない。最も多いのは一人暮らし（単独世帯）で、一般世帯全体の38.0％を占め、2015年から2020年までの5年間で3.5ポイント増えた。また令和4年版高齢社会白書によれば、1995年時点で14.6％だった高齢化率は2021年に28.9％となり、65歳以上の高齢者がいる世帯は、2019年時点で約2558万4000世帯と全世帯数の49.4％を占める。うち三世代同居世帯の割合は9.4％と1割を切り、夫婦のみの世帯（32.3％）と単独世帯（28.8％）を合わせると6割を超える。また「高齢の親と未婚の子のみの世帯」が20.0％いて、未婚の子自身が高齢になったときのケアが懸念される[5]。

　かつては、地域活動の"極意"として「子ども対象の行事をすれば親がついて来る（若い世代の参加を促せる）」と言われていた。しかし、2019年国民生活基礎調査では、18歳未満の未婚の子がいる世帯は全体の21.7％に過ぎない。20〜40歳代は「子育て世代」と呼ばれるが、その年代で配偶者がいる人は2020年国調の不詳補完値集計では49.8％に過ぎず、子どもがいる人はさらに少ない。生涯未婚率は男性で28.3％、女性で17.8％に達している。

　子どもは地域の宝であり、こども食堂や少年野球チームなど大人が（自身の子がいなくても）地域の子どもに関わるチャンネルはいくつもある。しかし、「若い世代＝子育て世代」と捉えてしまうと、そこから抜け落ち

る人がかなりいることを忘れてはならない。とくに都市部の 20 〜 40 歳代では有配偶者率が低く子どもがいない共働き世帯（DINKS）も多い。これら既存の地域活動と縁遠くなりがちな潜在層にも参加しやすいプログラムが求められている。

## （2）生業と移動：「ふるさと回帰」の終焉？

　人々の暮らしは「生業」によっても規定される。労働力調査等によれば、土地との関わりが深い第一次産業の就業者は 1995 年時点で 5.7％だったが、2020 年には 3.2％になった。また、1995 年には 32.9％いた第二次産業従事者も、2020 年には 23.1％となり、製造業に限ると 15.7％で「ものづくり大国」の基盤が揺らいでいる。取って代わった第三次産業は、主として都市部に立地し、定期的な転勤を伴う業種も多い。2020 年国調（不詳補完値）によると全国平均で 22.7％の人が 5 年前の住所から移動している。

　かつては「現役時代は都市部で働き、定年後は故郷に帰る」人が一定数いて、地域活動の担い手となってきた。しかし、現在の 50 〜 60 歳代は新興住宅街で生まれ育ち、都市部で進学・就業したため、先祖代々の土地に「ふるさと意識」を持たない人が多い。空き家の増加や墓じまいの実態をみるにつけ、「ふるさと回帰」は、もはや過去の風習になりつつあるのかもしれない。

　深刻な人口減少に直面する地域では、移住促進に取り組んでおり、新型コロナウィルスの感染拡大でテレワークが進んだことも追い風になっている。しかし、ほとんどの自治体が地方創生の人口ビジョンや総合戦略で「若い世代の移住促進」を打ち出しており、獲得競争は厳しい。また、転入者のライフスタイルと、地域の伝統や風習とをどうマッチさせるのかという調整が、その仲介役の確保も含めて大きな課題となっている。

## (3) 非正規雇用の増加と定年延長：役員のなり手の枯渇

　非正規雇用の増加や定年延長の動きも、地域活動に大きく影響を及ぼす。労働力調査では、パート・アルバイトや派遣社員、契約社員、嘱託など「非正規雇用者」の割合は、1995年で20.9％だったが、2021年には36.7％に増えた。経済不安もあってか「身体が動く限りは働きたい（働かねばならない）」ニーズが高く、1990年代半ばの定年年齢はおおむね55歳だったが、60歳になり、65歳になり、今では年金受給年齢を遅らせるためか70歳まで働くことが推奨されている[6]。

　既存の地域活動は「定年後の元気な高齢者が、地域貢献として無償で担う」ことが前提だった。しかし、健康にも家族の理解にも恵まれ、人望があり、経済的な懸念なく無償で動ける「名望家型リーダー」は、その候補者も含めて「絶滅危惧種」になりつつある。

　実際に、地域防災を担う消防団は、定員に対する充足率が89.8％に落ち込んでいる[7]。団員の高齢化も進んでいることから、実働人数はさらに少ないだろう。また、地域福祉の要である民生委員・児童委員も欠員率が4.8％に達した[8]。2000年頃までは1％未満で推移していたが、今世紀に入って急激に悪化している。


## (4) 「公助」の先細り

　では、公助は、この四半世紀でどう変化しただろう。総務省の地方公共団体定員管理調査によると、地方公共団体の職員数は1994年の328万2492人をピークに減少を続け、ここ数年は微増しているものの、2021年4月1日時点で280万661人。1994年時点からと全体で14.7ポイント減少した。内訳を見ると警察や消防部門は約12〜14ポイント増えたが、教育部門や一般行政部門、公営企業等会計部門は約18〜20ポイントも減っている。さらに、非常勤職員の割合が高まり「官製ワーキングプア」と呼ばれる実態も散見される。

　財政面でも、国と地方合わせた長期債務残高は2021年度末で1223兆

円になる見込みだ。20年前に比べて約1.8倍に膨らみ、対GDP比２２０％超えという危険域に入っている。コロナ対策で必要であったとはいえ、2020〜21年度にかけて組まれた３度の補正予算の財源はほぼ国債である。地方財政もコロナ対策で悪化しており、財政調整基金を取り崩したり、財政非常事態宣言を出したりする自治体が増えている。このような状態で、地域コミュニティ施策の関連の予算や人員体制も削減される傾向にある。

### (5) どう人材を確保し、持続的に運営するか

　今後の自治協の運営は、高齢化に伴い自助が難しい人がますます増えることを前提に、転勤族や単身者、親と同居の未婚の子、DINKSといった、従来あまり顧みられることのなかった人材を上手く誘い込んでいくことがカギとなる。役員だけに負担が集中するのを避けるため、ICTを駆使しながら省力化を試み、「単発のボランティア募集」や「企画提案募集」など多くの人に関わってもらう工夫を考えたい。名望家型リーダーも、中核人材として一定数は必要である。次世代リーダーや彼ら・彼女らを支える人材を育てるため、学校教育や生涯学習を通じて、年少期から地域コミュニティの大切さを浸透させていきたい。

　担い手になんらかの報酬を出すことも検討すべきである。自治協が「地域自治」や「地域経営」を目指すならなおのこと、マネジメント能力を持つ人材に有償で関わってもらう必要があるだろう。福祉ボランティア実践者の中には「活動は無償で行わなければならない」という意見が根強いが、「すべて無償で」となると経済的な事情で関わることができない人が少なからずいる。また、受益者に支払い能力がある事業は、有償にした方が、利用者として意見が言いやすい面もある。現金の収受に抵抗がある場合は、地域通貨やクーポン券などの手段を講じたり、報酬を受け取る権利は保障した上で不要な人は寄付として組織に戻してもらうなどの方法もある。

　財源について、残念ながら、自治協の人件費を公費で出している自治体

はまだ少ない。しかし、互助や共助まで劣化したら、その機能を公助で補完するのにどれほど税金が必要かを試算してみれば、その意義が分かるはずだ。

　人口減少に歯止めがかからない地区では、会議や活動の総点検（棚卸し）を行い、負担の大きい催しや部会は取りやめて、福祉や防災など最重要の課題に集中せざるを得ないタイミングに来ている。その場合も、いきなり「来年から中止」とするのではなく、1～2年かけてほかの事業への振り替えや記録集の作成などを行い、廃止後も関わった人たちのネットワークを保つようにしたい。住民や関係者の喪失感を抑えて「ゆるやかな縮退」に導けるような工夫が必要であり、今後は、各地の自治協で「勇気ある撤退」や「思い出づくりの活動」「縮退後の地域活動」に関する好事例を収集・共有していくことが望まれる。

## 3 検討や調整が足りない課題

　1節で述べた「総力戦型」で既存組織を寄せ集めただけの団体はとくに、組織運営について女性や若者、新参者が意見を言えなかったり、地域ニーズとは関係なく「やりたい人がやりたいことだけやる」活動に偏ったりする恐れがある。本節では自治協の運営や活動を停滞させている問題点や未検討の課題について考察する。

### （1）活動内容の公共性や質の維持

　当該地域の人口分析や目標設定、事業対象の絞り込みがないまま「これまでもやってきたから」「やりたい人がいるから」と事業を実施している例が少なくない。「喜んでくれる人が（一部でも）いるからいいじゃないか」という言い分にも一理あるが、本当に必要な取り組みが後回しになる恐れがあり、参加していない住民から「一部の人が好きなことをしているだけ」と思われても仕方ないだろう。公金が入る以上は「サークル化」していないか、常に自問する必要がある。

サークル化する原因として「地域カルテ」やそれに基づく「地域ビジョン」や「地域まちづくり計画」を策定していない、あるいは策定しても共有や更新ができていない実態があるのではないか。また「無償で協力しているのだから、やりたい事業だけでやればいい（関心がないことを無理強いはできない）」という姿勢も感じられる。

　難しいのは、自治協の活動にどこまで「公共性」を求めるか—である。「住民に喜んでもらえる活動」という目標には異論は出ないだろうが、地域社会は往々にして「総論賛成、各論反対」になりがちで、「楽しい」イベントも、一部の住民には「うるさいだけ」かもしれない。また、困り事を抱えるのは多くの場合「少数者」なので、活動内容を多数決や人気投票で決めてしまうと、少数者のニーズは反映されづらくなる。

　これらの不満や矛盾は、これまでは住民同士の「わきまえ」や「思いやり」によって、あるいは中心人物のリーダーシップや人望によって、トラブルに発展することは少なかった。自治会・町内会等の加入率が高い地域では、良くも悪くもエゴを通すことに対する抑止力が働き、とくに名望家型リーダーがいる地域では「あの人の言うことだったら認めよう（少なくとも反対はしないでおこう）」という消極的支持による合意形成が機能するからだ。

　1節で述べた「総合型自治協」は条例や要綱で「公共的団体」と位置付けられている場合が多く、少数者の課題であってもやるべきことは実施する—という合意が比較的得やすい。しかし、地縁組織の衰退を補完する「総力戦型自治協」では調整に苦慮するケースが増えるだろうし、「事業先行型自治協」ではメンバーの関心が薄い分野の課題についてはどうしても優先順位が低くなる。

　とくに近年、「課題の解決など＜やらねばならない＞的な活動では長続きしないので、関わる人が楽しいと思う活動にシフトすべきである」という意見がまちづくりの現場で主流になりつつある。異論はないが、活動を考えるにあたって生涯学習やシチズンシップ教育の機会がないと、公共性

は生まれない。「地域貢献が楽しい」「(少数者であっても)困っている人のための事業を優先するのは当然だ」と思ってもらえる人材の育成に、官民あげて取り組む必要がある。

## (2) 正統性の確保

　自治協は住民一人ひとりに参加の意思を問うことなく「当該地域に住む人全員を対象とする」のが一般的である。「私は自治協の設立に反対なので脱会したい」などの申し出があったとしても、個別の対応は難しい。

　個々の意思確認や選挙で役員らを選んだという手続きがない中で、組織の正統性を確保するのは悩ましいが、かといって否定するだけでは物事は進まない。前述のように、地域の合意形成には多数決以外の要素があり、地域内の主だった組織が参加または賛同していれば、当該地域における公共的団体とみなしても良いだろう。地方自治法第260条の2第2項に掲げる認可地縁法人の認可要件[9] の (1) や (3) を準用するのが現実的ではないだろうか。

## (3) 活動評価や研鑽の仕組み

　自治協を認定し、活動に公金を支出している行政には、会計処理や情報公開、総会決議などが適正に行われているかなどを、報告書の精査を通じてチェックする責務がある。しかし、地域ビジョンや地域まちづくり計画に基づく具体の活動については、地域に委ね、口出ししない場合が多い。地域の特性や主体性を尊重し、「一律の基準」で評価することに反対または慎重ということだろう。しかし、自治協自体の自己評価は奨励されるべきであり、どのような指標や手法が良いのか、今後の研究や実践が待たれる。

　また、行政担当者や中間支援組織のアドバイザーらが「開かれた組織」になるようアドバイスを行った方が良い場面もある。例えば、一部の住民をあからさまに排除するような活動や差別的な表現があった場合は、積極

的に介入すべきだろう。

　幾つかの先進自治体では、自治協の活動発表会や実践メンバーによる情報交換会が行われている。好事例の自慢だけでなく、失敗事例や改善の工夫が率直に話し合える場になると、さらに研鑽効果が高まるだろう。

## (4) 行政の縦割り政策の転換

　1980年代、とくに都市部の自治体では、福祉や環境保全、青少年育成、防犯・防災など施策目的別の地域組織を「上から」「各校区に」作らせ、活動メニューを提示して助成金をつけてきた。本来、自治協結成時にその整理・統合が行われなければならないが、庁内の縦割り体制を温存している自治体もあり、総合的なコミュニティ施策の効果を薄めている。

　最近では、文部科学省の「学校運営協議会」の設置促進政策（コミュニティスクール構想）が混乱を招いている、との指摘がある。地域には私立学校や外国人学校、特別支援学校に通う子もいて、自治協はじめ地域団体の多くは「域内のすべての子ども」を対象とした事業を行っている。そこに公立学校とその児童・生徒だけを対象とする学校運営協議会の結成を押し付けると、分断を生む恐れがあるからだ。融通性を持たせ、地域のマンパワーを学校運営に活かすというだけでなく、学校のマンパワーや資源を地域活動に活かすという視点が必要ではないか。

　また、自治協制度の多くが「おおむね小学校区（以下）」としているが、各地の社会福祉協議会が進める「小地域福祉活動」の基礎単位が「中学校区」となっている場合に連携しづらい、という声もよく聞く。小地域福祉活動計画を策定する際には、自治協の計画や部会と調整し、活動や会合が無駄に重ならないよう気を付けたい。

## (5) 指定管理者制度の可能性と限界

　2003年から始まった公の施設の指定管理者制度を利用し、コミュニティセンターや公民館の指定管理者に当該地域の自治協を選んで、拠点の確

保や人件費の捻出を行う手法が各地に浸透している。自治協事業に社会教育的な要素を入れて上手く活動できている事例もあれば、手弁当で施設管理をさせている事例もあって、玉石混合の状況だ。

　近年、役員の高齢化に伴い施設の維持管理が難しくなった、との声がよく聞かれる。また、災害時の対応が仕様書に盛り込まれていないケースも多く、いざというときの対応に不安が残る。今後は指定管理者募集の際に建物管理と事業実施を分けたり、施設の老朽化を考慮しながら拠点のあり方を見直す必要があるだろう。

## (6) 議会との関係

　地域内分権の受け皿を目指す自治協と、選挙で住民代表に選ばれた議員や議会との関係も、まだ整理がされていない。これまであまり争点にならなかったとは言え、自治協の設立は首長の発案で行われる事が多いため、首長と議会が対立している場合は批判の的になることがある。

　出身地区の要望を行政に伝えることに専念してきたタイプの議員の中には、自治協は、自らの役割を脅かすライバルと感じる人がいるかもしれない。実際に「あれだけの活動を無償でやられると、議員報酬への批判が出かねない」と漏らした議員もいた。地方議会は二元代表制の一翼を担い、少数派も含めた多様な住民の意見を代弁するとともに、合議によって最適解を導くという役割がある。自治協の定着と発展は、地元利益誘導型ではない議員像への転換を促すことになるだろう。

## 4 コロナ禍下の活動と新たな可能性

　現在、自治協をはじめとする地域活動の一番の悩みは、新型コロナウィルスの影響であろう。対面行事が軒並み中止や縮小になり、地域のつながりを保つのが難しくなった。その影響や展望については第2章で述べられているが、新たに芽生えた活動や可能性についても触れておきたい。

　一つには、さまざまな課題が可視化したことによって、新たに活動を始

める人が現れ、連携し、ICT を駆使してユニークな助け合い活動を展開していることである。マスクポストやフードドライブといった匿名の互助システムやオンラインの講習会のほか、地域活動への寄付をクラウドファンディングで募る事例も出始めた。ICT を使いこなす若者や NPO が、高齢者や地域団体向けの講習会を開く地域も出てきている。

　二つ目として、在宅時間が増えた人たちが「ご近所」に興味を持つ可能性である。ステイホームの間に断捨離やリフォームをしたり、趣味の料理や工作に時間をかけたりする人が増えている。この自宅という「私」領域に向かった関心を、近隣社会の「共」領域に広げる取り組みができないものか。ご近所を散歩して防災上気になる箇所を点検したり、家の前の道路を掃除したり、公園を花で飾ったりといった小さな実践から、新たな参加の仕組みが生まれることを期待したい。

注
1）同答申では「基礎自治体内の一定の区域を単位とし、住民自治の強化や行政と住民との協働の推進などを目的とする組織として、地域自治組織を基礎自治体の判断によって設置できることとすべき」と記述。その機能として①住民の意向の反映、②行政と住民等との協働による地域づくりの場、③従来の支所・出張所機能を挙げた。イメージ図では地域自治組織の中に「地域協議会（仮称）」と「長」とが存在し、地域協議会は＜一般制度＞と＜法人格を有するタイプ（合併市町村に限る）＞とでは構成員の決め方が異なるが、いずれも協議会の長は基礎自治体の長が選任し、公職選挙法による選挙は導入しないことが制度のポイントとされた。
2）第 7 章第 4 節を地域自治区とし、202 条 4 で市町村は、市町村長の権限に属する事務を分掌させ、及び地域の住民の意見を反映させつつこれを処理させるため、条例で、その区域を分けて定める区域ごとに地域自治区を設けることができる、とした。
3）金川幸司編著『協働と参加　コミュニティづくりのしくみと実践』晃洋書房（2021）によると、2020 年に実施した全国市区町村 WEB アンケート（有効回答率 53.9％）を基に「協議機能」と「実施機能」に分けた分析を実施し、協議機能のみの組織は全体の 5 ％、実施機能のみは 9 ％、残り 83％は両方兼ね備えていたという。
4）本稿では「互助」を近隣コミュニティでの助け合い、「共助」をボランティアや NPO など空間域にとらわれない助け合いと使い分ける。
5）高齢社会白書のこの部分の数値は国民生活基礎調査の結果である。
6）1986 年に「高年齢者雇用安定法」の改正で 60 歳定年が努力義務になり、1994 年の改正で 60 歳未満定年制が禁止（1998 年施行）。その後も 2012 年の改正で「原則希望者全員の 65 歳までの雇用を義務化」が図られ、さらに 2020 年 3 月の改正で、70 歳まで働く機会の確保を努力義務とする法律が成立した。

7）定数91万2037人に対して81万9373人（日本消防協会調べ、2020年10月1日時点）

8）「令和2年度全国民生委員児童委員連合会 事業計画」によると、2019年12月の一斉改選で、全国で22万8206人が委嘱され、定数（23万9682人）に対する充足率は95.2%。

9）認可地縁法人の要件は（1）その区域の住民相互の連絡、環境の整備、集会施設の維持管理等良好な地域社会の維持及び形成に資する地域的な共同活動を行うことを目的とし、現にその活動を行っていると認められること。（2）その区域が住民にとって客観的に明らかなものとして定められていること。（3）その区域に住所を有するすべての個人は、構成員となることができるものとし、その相当数の者が現に構成員となっていること。（4）規約を定めていること。

# 第2章　地域自治システムのめざすもの

中川幾郎

## ❶ 地域コミュニティ政策はなぜ重要か

### （1）団体自治と住民自治

　まずは基本から始めよう。そもそも地方自治は「団体自治」と「住民自治」の両輪で成り立っている。団体自治は、地方議会と地方行政体（いわゆる役所）を指すが、住民自治とは何を指すのだろうか。地方自治法の講義などでは、住民による団体自治の直接統制権で説明することが多い。すなわち、首長、議員、監査委員や教育委員ら特別職に対する解職請求権と議会の解散請求権からなる＜リコール＞と、条例の制定や改廃を請求する権利＜イニシアティブ＞である。他に、愛知県の高浜市のように独自に住民投票＜レファレンダム＞を規定している自治体もある。

　しかし、それだけでは住民自治の説明としては不十分である。今日では、住民による地域コミュニティの自己統治に加えて、住民個人個人の結集によるアソシエーション型のNPO活動までを、住民自治の範囲として説明することが多い。筆者はこの三つの住民自治をヨコ（地域コミュニティに対応する水平的・面的自治）、タテ（社会課題に対応する有志結社的自治、NPO等）、そしてナナメが前段で説明した団体自治に対する直接統制権である。

　特に、地域コミュニティにおける住民自治は、自治会・町内会等の地縁団体の活動に依るところが大きいが、担い手組織は、全国的にほぼ例外なく役員の高齢化と世代継承の難しさに直面している。また、自治会・町内会等は、あくまでも任意加入組織であり、明治時代以来の区長、戸長制度を継承する世帯加入方式としているところがほとんどだ。このことから全住民を包括し、地域の暮らしに関わる諸々の分野に対応し、世代によるニ

ーズの違いを踏まえた多角的な事業を展開することが難しくなっている。

## (2) 住民自治の危機と団体自治の硬直化

　このような傾向は、かつて都市部で顕著だったが、今日では地方都市や中山間地域も例外ではない。地域コミュニティの重要な部分を担っていた婦人会や子ども会が次々と解散し、いまや老人会までも解散が見受けられるありさまである。このように地域コミュニティが脆弱化してしまっては、災害への対応力や犯罪抑止力の低下はもとより、地域福祉や地域教育の機能が衰え、郷土芸能の維持継承といった地域文化再生機能も空洞化していく。

　このような現実に立ち向かうために、「住民自治協議会」（以下「自治協」という）を結成する動きが全国的に拡大しつつある。ところが、2020年からあしかけ3年間にわたって続く新型コロナウィルス禍は、お祭りやふれあい給食など、面識社会を保つ効果があった小規模な地域コミュニティ活動の多くを停止状態に追いやってしまった。これは、地域コミュニティの住民自治が直面する、未曾有の危機であるといってもよい。

　このような住民自治の弱体化は、団体自治にも大きな影響をもたらす。ところが多くの自治体は、コロナ禍の対応に追われていることもあってか、財政悪化への危機意識はあっても、他方で進行する地域コミュニティの脆弱化に関して、あまり危機感を持っていないようにみえる。また、コストダウン主目的的行財政改革[1]が長期化する中で、行政組織の縦割りによる弊害が強まっている。かつては自治協の設立など地域コミュニティ政策に熱心だった自治体も、関連施策の総合化や全庁あげてのサポート体制が採りづらくなっているのではないか。

　しかし、地域コミュニティ政策は、住民の自治力を高め、行政負担の軽減や税金の有効活用につながることを忘れてはならない。例えば、犯罪多発地域で挨拶運動などの地域防犯活動が展開されると、犯罪発生件数は減少する。これは、男女の中学生が変質者に殺害されるという悲惨な事件を

経験した、大阪府寝屋川市の学区単位「地域協働協議会」の取組みや、奈良県生駒市壱分小学校区の「あいさつ通り」設置の事例をみても明らかである。地域コミュニティによる実直な挨拶運動が、監視カメラの設置やガードマンの配置といった公金の投入を次第に不要にしていくのである。道路管理においても中山間地域では、公道に空いた軽微な穴程度は、自治協メンバーが簡易舗装で補修してしまうケースもある。

　反対に、消防団など住民による地域自衛消防機能が衰弱化してしまったところでは、初動期の消火や防災の活動が上手くいかず、自治体の消防本部がその穴埋めをしなくてはならない。これに伴い、もうひとつの行政消防機能である救急体制が圧迫されていくのも避けられないだろう。つまり、さまざまな政策分野にわたって、地域コミュニティ（ヨコの住民自治）が上手く機能していれば、それだけ団体自治が行う事業の負荷が軽くなり、対策に要する経費も軽減されて、将来を見越した政策的な投資への余力が生まれる、ということになる。このように住民自治と団体自治は、各政策分野において極めて明確な相関関係にある。

## （3）　コロナ禍を契機とした新たな視点

　地域コミュニティの変化は急速に進んでいる。住民層も従来のような二世代、三世代家族ではなくなり、単身者や高齢の夫婦、一人親世帯、子どものいない共働き世帯が増加している。それに伴い、無償奉仕の世話役を厭わない「名望家型リーダー」の後継者が簡単には見つけられなくなった（第1章参照）さらに、新型コロナウィルス感染拡大の影響で対面行事の中止や縮小が相次いでいるが、感染症対策等をしながら活動を再開させたところもある。コロナ禍はある意味、自治協をはじめとする地域活動が、本当に必要なものであったかどうかを見定めるための試練だったのではないか。

　このような状況下での、行政による地域コミュニティ支援政策は、視点を大きく転換する必要がある。

面識的な関係を維持し再生産していくためには、オンライン会議の開催やSNS（ソーシャルネットワーキングサービス）による情報発信など、ICTの活用を促進していく必要がある。近年、Zoom等の便利なアプリケーションや、FacebookやLINEといったSNSが急速に普及し、事業者や行政はもちろんNPOや地域活動団体の間でも活用されるようになった。これにより幅広い層への情報発信が可能となり、対面型の会議には参加できなかった、あるいは参加しづらかった人たちの関わりも期待できる。

　例えば、転勤族、単身者、障がい者、DINKS（共働きで子どもはいない）世帯の人らに対して、ICTを使い積極的に働きかけることで対話が促進される。と同時にICTに詳しい人材や地域の若者などが地域に関わる機会にもなる。自治協側の工夫と同時に、ICTを使った会議や意思疎通事例、地域のICTネットによる新しい集団形成、地域人材開発の事例の紹介など、行政側の地域コミュニティ支援政策も変化していかなくはならない。

　また、コロナ禍で広がったホームオフィスは、収束後もある程度は維持されると思われる。このような在宅型ビジネスの人びとは、改めて自宅や自宅周辺の地域に対する関心を深める傾向にある、といわれる。実際、近所を散歩する中で、楽しい発見があったり、逆に気がかりな箇所を見つけたりした人は多いだろう。例えば、公園の小規模なリフォームなどへの参加を通じて、地域コミュニティへの参画を促していく役割を、行政のコミュニティ支援の仕組みとして考えてはどうだろうか。

## (4)　地域コミュニティの再構築のために

　自治協の編成や経営にあたっては、三つの視点を重視すべきである。すなわち
・あらゆる生活部面を包含する事業に着手する
・地域内すべての住民を構成員とし、役員構成で性別や世代に偏りがないようにする
・自治協内の小地域ごとの特性を把握して考慮する、である。

筆者はこの３つを全日・全方位を示す○（マル）、人口ピラミッドを意味する△（サンカク）、地域社会のさらに細やかなエリアを表す□（シカク）に例えて「○△□の原則」と説明している。

　地域コミュニティの重要な構成団体である自治会・町内会等は、自治協エリア内の代表性を担保する存在ではあるが、各世代のニーズを細やかに把握している団体とはいえず、現在は、生活課題の全分野を担えるオールラウンドプレイヤーでもないのが実情である。地域社会の各世代を代表する団体や人材は、別に存在する（子ども会、PTA、老人会など）。また、生活課題ごとの代表団体や人材も、別に存在する（防犯委員会、校区福祉会など）。それらの団体や人材が、一定の地域コミュニティごとに集合し、総合的（あらゆる課題に対応する）かつ機能的に協働しあえるようにするのが、自治協である。

　自治協の中では、小地域での濃厚なコミュニティ型の思考（宿命型、地域共同感情による結集）と、PTA、防犯、防災、校区福祉会など各種行政協力団体のようなアソシエーション型の思考（契約型、共通課題による協力関係）とが当然のごとく混在する。これをうまくつなぎ合わせることが重要である。例えば、防災士や消防団員から災害対応の知識を学ぶことと、人権NPO等から災害時要配慮者に対する人権配慮の大切さを学ぶことは、双方とも欠かすことができない。

　自治協の運営で大切なことは、現状認識と課題発見、その解決方策の立案と実践に至る一連の過程を共有し、「集団的自己決定能力」が発揮できるようになることである。小さな領域内ではあれ、住民の力で総合的な地域経営の体験ができれば、住民は団体自治の各分野に対しても、冷静に判別し評価する能力を持つはずである。

## 2 自己責任論を超えて

### (1) 地域でしかできないことを地域で

　かつて、地域自治システムを導入しようとする自治体で、行政側からの

趣旨説明として、ヨーロッパ地方自治憲章にいう「補完性の原理」に基づき「地域でできることは地域で」という言葉がよく用いられていた。これに対して、地域のリーダー達から「本来、行政がすべきことを地域に押し付けようとしているのではないか」との疑念や批判が沸き上がった。なぜならこの言い方には、意識的か無意識かは別にして、新自由主義的な自己責任論、すなわち「まずは自助から」という価値観が過剰に投影されていたからである[2]。

　自己責任論にのみ依拠した地域自治システムの提唱は、コストダウン志向のアウトソーシングと短絡的につながりやすく、「住民の自己決定権を尊重する」という自治の基本原則からは離れてしまいがちである。つまり、低福祉低負担型の小さな政府を志向する行財政改革路線にとっては、団体自治（行政）サイドで公金を使い課題に取り組むよりも、住民自治サイドで汗をかいてくれる方が望ましい、と考えるのである。確かに、住民自治による地域社会の課題解決能力の向上は、行政コストを下げる働きがあることは、すでに述べたとおりである。しかし、それだけでは単なる行政の下請けに過ぎない。

　コストダウン志向で事業を民間に投げる発想からは、住民自身が地域社会への将来展望を持って地域まちづくり計画を策定することや、その過程の合意形成支援などは、ずいぶんと手間がかかる、遠回りで非効率な作業に見えるだろう。加えて「自治協」としての組織づくりや次世代リーダー層を育てる支援、地域活動交付金等の支給、地域が企画した事業に対する助言などという施策も、住民自治を活性化するための初期投資として理解されず、なおざりとなる可能性が高い。

　補完性の原理は、各主体が自立しかつ対等の関係であることが前提であり、「まずは地域でやれ」というより「地域でしかできないことを地域で行う」と解釈するのが正しい。それは、行政の組織や機能、権力機構を使っても不可能な自治の領域を、地域が自治能力を行使して支えあう、ということを意味する。地域自治システムを構築することは、地域の特性に応

じた住民自治と団体自治の最適な役割分担を明確にし、当該地域の持続可能性を高めると同時に、自治体全体の自治能力の衰弱を防ぐことに意義がある。最終的に自治体のコストパフォーマンスを高める効果が期待できるものの、地域自治システム構築にかかわるイニシャルコストを惜しんでいては、そのしくみが動き出すことは決してない。

### （2）参画と協働の意義

　団体自治は長期的な行財政の危機にあり、地域コミュニティを基盤とした住民自治も人口減少と高齢化、都市化に伴う人間関係の希薄化などにより確実に脆弱化していく、という二つの危機が同時に進行している。

　この二つの危機に際して、注目されたのが「参画と協働」である。「参加」ではなく「参画」としたところがポイントだ。名和田是彦氏によれば、ドイツでは政府活動の諸プロセスへの「参加」が強調されるが、日本では「参加」と「協働」の双方が強調されるという³⁾。これは、高福祉高負担国家と、日本のような中福祉中負担国家の違いではないか。あるいは、地方政府の活動に市民が参加し、市民が政府を統制することで民意を反映させるドイツ型と、団体自治と住民自治との伝統的な相互協力関係を、民主的に再編して活性化させようとする日本型参画と協働との違いと言ってもよい。

　「協働」とは、インディアナ大学のビンセント・オスロム教授が1977年に提唱したものといわれ、1990年に東海大学の荒木昭次郎氏が「協働」という日本語をあてたものである⁴⁾。 Co-Production（共同生産）が本来の用語であり、そこには、何らかの「公益（Public Benefit、Public Interest）」を、市民、事業所やアソシエーションも含む各種民間団体、行政（自治体）で生産するために助け合ってともに働くこと、という響きがある。

　日本で「参画と協働」が行政運営の基本理念になり始めたのは、1995年の阪神・淡路大震災以降である。行政と市民が力を合わせて「公共」をつくるという新しい公共論とともに広がった。市民のエンパワメントの促

進はもちろんだが、行政側にとっても、職員の働き方改革につながる生産性の向上をもたらし、有効性や持続可能性を考慮した政策の組み立て直しを志向している。それは、単なるコストダウンの追求や、自治協やNPOなど市民団体への丸投げではない。住民自治の危機に団体自治（行政）が参画・協働して地域コミュニティの活性化を支援し、他方で、住民の参画と協働により適正な行財政改革を進めるという相互乗り入れの関係が基本となる。

　このように考えると、地域コミュニティに対する行政支援は、住民自治への介入・統制ではなく、行政と住民団体との対等な関係をもたらすものでなければならない。ちなみに各地の自治体では、この関係について「横浜コード」を嚆矢として、独自のルールや原則を定めてきており、どれも共通に「対等性」が掲げられている（愛知協働ルール、豊中市、朝来市、奈良市など）。ルール検討の過程自体も協働で進められており、その内容も進化してきている。例えば「奈良市第三次市民参画及び協働によるまちづくり推進計画（2022年4月）」では、対等性、自主性尊重、自立化、相互理解、目的共有、期限設定、公開に加えて、相互補完、相互変革が加わっている。

## (3)「参画と協働」には例外分野がない

　ところで自治体行政内に、住民自治と関わりのない部門や政策分野は存在するのだろうか。結論を言えば「否」であろう。議会はもとより、消防、防災、土木、建築、税務、保健、福祉、医療、教育、文化などのあらゆる分野が住民自治と関わっている。税金の徴収や許認可といった「行政処分」事務を中核とする分野であっても、住民の「参画」を求め、「協働」への展望を開くことが、団体自治の強化のために必要であろう。

　例えば、職員の人事評価システムを適用する際も、住民の参画を得て、どのような職員像が求められているかを検討し、それを評価指標に反映させる作業を協働で行うことが求められる。また地方税の滞納額を、どのよ

うにして減少させていくかについても、納税者である住民側の視点から提案を求め、行政処分としての滞納整理に役立てていくこともできよう。

　ところが行政には、それぞれの縦割り部局別に、住民の協力を期待する習性がある。1970年代から80年代にかけて、青少年育成協議会や環境美化委員会といった施策目的別の行政協力団体が地域に乱立した。行政に要請されるまま結成したため、構成する人材はほぼ同じで、いたずらに会合の数が増えただけの地域も多い。地域コミュニティに「縦割り」を持ち込み、結果的に地域の総合力を削ぐ事態を招いたことを行政は反省すべきである（第6章第1節参照）。

## 3 地域自治システムの新たなステップへ

### （1）自治協形成の基本原則について

　繰り返しになるが、本書で論じている「住民自治協議会」は、地方自治法上の「地域自治区」制度のもとで設置された「地域協議会」とは異なる。地域協議会はあくまで首長の諮問機関にとどまり、自治区の区長も行政職員が首長から任命される。この二つは似て非なるものである。

　したがって、自治協に公共的団体としての認定を与え、効果的な地域自治のしくみをつくるためには、自治立法としての条例やそれに基づく規則をつくって、公共性を担保し、公的支援を制度化することが必要となる。当初は、要綱による設置を試みた自治体も多かったが、先行事例が増えるに従い、条例や規則による設置が増えてきた。

　ただし、認定要件や協働事業の内容、支援施策やサポート体制などは、全国的に統一されているわけではなく（自治事務なので当然ではあるが）、運用実態も含めて玉石混交である。ここでは、望ましい地域自治システムとそれに基づく自治協の制度設計上、共通する要素を掲げておきたい。これらを満たして初めて「新しい地域自治システムに基づく住民自治協議会」と言えるのだと思う（詳細は第4章を参照）。

①一定の地域（小学校区以内の範囲）において、住民が参加し、地域住民

の福利の向上をめざし、住民自身が主体的に運営に携わり、自分たちの地域を自分たちでつくる、という自主的な地域経営を進める仕組みであること（領域性）。

②住民が自発的に設立し、かつ自律的に行動し、地域の総合力を発揮するために、地域団体同士あるいは住民（個人）同士が連携する仕組みであること（自発性、自律性、総合性）。

③地域内の全住民が構成員であり、すべての住民に開かれている（誰もがいつでも参加・参画できる）とともに、民主性、透明性（公開性）、参加性を具備していること（民主性、公開性、参加性）。

④参加の枠を広げて、地域の仕事をみんなで担い、特定の人への集中をさけ、新たな人材を発掘していく仕組みであること（公平性、開拓性）。

⑤自治体で独自に定めたルール（自治基本条例、まちづくり基本条例等）で位置づけられていること。併せて、自治協と行政との連携、協働に関するルールが明確であること（合規性、協働性）。

## （2）地域社会の「重層性」を考慮する

　ここまで地域コミュニティを「ヨコの住民自治」として論じてきたが、実は地域社会の中にはコミュニティ型集団とアソシエーション型集団とがあり、その重なり具合や交流・補完の関係を見るべきだ。

　R. M. マッキーバーの古典的定義では、地域社会を「コミュニティ（Community）」と「アソシエーション（Association）」に分類し「コミュニティは、社会生活の、つまり社会的存在の共同生活の焦点であるが、アソシエーションは、ある共同の関心又は諸関心の追求のために明確に設立された社会生活の組織体である。アソシエーションは部分的であり、コミュニティは統合的である」と述べ、コミュニティにおける「地域共同感情（Community Sentiment）」の存在を指摘している[5]。　つまり、地域で生活する者同士の共同感情をもち、生活の全体性を共有する緩やかな集団をコミュニティと、他方で、鮮明な目的をもって設立された組織をアソ

シエーションと定義したのである。

　この定義に基づけば、伝統的な自治会・町内会等は典型的なコミュニティ型集団であろう。一方で、福祉、防災、防犯、教育など特定の政策分野に関して（その多くは行政協力組織として）結成された校区福祉会、校区安全委員会、青少年健全育成団体、防犯・防災委員会、PTAなどの組織は、本来はアソシエーション型集団と分類すべきであるが、人材面では地域コミュニティを基盤としている。これらは「コミュニティを基盤としたアソシエーション系団体」とみなすべきであろう。

　地域社会は、向こう三軒両隣のご近所から始まり、○○丁目単位の広さのコミュニティから、単位自治会そして連合自治会の範囲、そこからやや広がった小学校区さらに中学校区と段階的に広がり、団体ごとの範囲は層のように重なり合っている。地域で活動する団体をすべて「コミュニティ型集団」として一括りにしてしまうと、地域社会の重層性を正しく理解できない。小規模であるがゆえに濃密な関係にある隣近所（近隣コミュニティ）から、広域的になればなるほどアソシエーション型思考を持つ集団へと、階層的な構成になっているのが、地域社会の実態だろう。つまり、地域コミュニティ内においても、狭域であればコミュニティ型の思考が中心となり、より広域となるほどアソシエーション型の思考が重視される、と理解してよいのではないか（表1）。

　自治協は、おおむね小学校区の範囲内で、自治会・町内会等のほか「コミュニティを基盤としたアソシエーション系団体」、それにボランティア

表1　コミュニティ（C）とアソシエーション（A）

| | 基本的思考 | 集団と個 | 時間軸 | 課題 | 紐帯の性格 | 行動誘因 | 意思形成及び決定 | 重視する価値 |
|---|---|---|---|---|---|---|---|---|
| C | 共和主義的民主主義 | 集団主義 | 全日的 | 総合的 | 宿命的 | 地域共同感情 | 全員一致暗黙承認 | 安全安心 |
| A | 多元主義的民主主義 | 個人主義 | 定時的 | 専門的 | 契約的 | 共同課題認識 | 多数決 | 幸福自立 |

※この整理は、多くの示唆を社会学者の鳥越晧之氏の示唆から得ているが、一部に筆者の観察による整理を加えていることをお断りしたい。なお、基本的思考としての二つの民主主義は、法社会学者阿部昌樹氏の言説によっている[6]。

団体や学校園など純粋なアソシエーション系団体が入り交じって形成されている。そのエリア内で各種の団体、個人が再集合することによって、全日的、（各種課題を包括する）全方位的、全世代的な課題を共有する、総合性を回復した地域経営体として登場することになる。このような方向性がめざされるべきであろう。

## (3) 社会的少数者等への視点

　次に、地域コミュニティにおいて形式的な多数決を重視すると、社会的少数者の意思や存在を軽視する危険性があることを指摘しておきたい。単純に多数決で物事を決めてしまうと「社会的包摂（ソーシャル・インクルージョン）」に逆行し、究極的には米国に散見される「ゲーティッド・コミュニティ」のような、閉鎖的な状態を招くおそれすらある[7]。

　地域内の全住民を構成員とするという基本原則に立つとき、時間的ゆとりがない人、言語その他の情報取得にハンディがある人、経済的に困窮している人、病気がちの人、社会的関係に恵まれない人などは、もともと能動的な参加が困難であることを認識すべきである。それらの人びとの存在や意思が軽視される危険性にたえず注意を払わなくてはならない。総会など物事を決める場で、少数者本人またはその代弁ができる人の議席を確保したり、事前に当事者からヒアリングしておくなどの工夫が求められる。

　自治協は今のところ行政からの交付金や補助金（いわゆる公金）を使って事業を行う場合がほとんどで、受益者負担（利用者から料金を取りそれで運営する）の事業は少ない。従って、自治会・町内会等で問題になるような「フリーライダー（負担をしないで利益だけ得るちゃっかり者）問題」は余り生じない。むしろ支払い能力がない社会的少数者らの社会的包摂を試みることこそ、自治協の取り組むべき事業だろう。ただし、今後、自主財源の割合が増えるとすれば、後述のクラブ財的サービスと、公共財的サービスのすみ分けを検討しないといけないだろう[8]。

　自治協においては、(1)で列記した民主性、公開性、参加性、自主・

自律などの原則が重要であるが、その民主性を担保するのは、必ずしも代議制民主主義や単純な多数決方式ではないことに留意すべきである。これは、面識的範囲のコミュニティにおける意思決定はどうあるべきか、という主題でもある。

　前述のように、地域コミュニティにはさまざまな事情を抱えて活動に参加しづらい人たちがいることを是認するならば、自治協における民主性は、「公開性」「参加性」、すなわち情報が広く行き渡り、個人個人に対して参加する回路が開かれていることによって担保される、と考えるべきであろう。

　そこでは、参加しづらい人びとの存在への配慮が必須である。さらには、時間軸ともいうべき、これまで支えてきた過去の人びとと未来を担う人びとの存在を見据える時間的な視野を有しているか、この二つの軸に基づいた視野を有しているかどうかも問われるのである。

　多様な人びとの存在を排除せずに包含するのが、地域自治システムの公共性であり、その公共性に立脚する自治協は、信頼関係などの共同財を醸成する機能を持ち、組織自体が地域の共同財である、と考えるべきではないだろうか。

## （4）非排除性、非競合性を軸とした自治協業務の多面的理解

　経済学では、公共財を定義するに際して、「非排除性（利用から排除されない）」「非競合性（他の利用者の効用を消耗しない）」「共同消費＝等量消費」の三つを軸として考える。コモンズ（共同財）研究の権威であるエリノア・オストロム（先述のデビッド・オストロムのパートナー）は、この非排除性と非競合性を二つの軸として、共同財（コモンプール財）を位置づけた[9]。

　その2軸を用いて、地域における財を4つに類型化したのが図1である。
　自治協は、小規模な地域コミュニテイを基盤としつつ、前述の「〇△□の原則」～性別・世代別・課題別の代表性～を担保して構成されるべきで

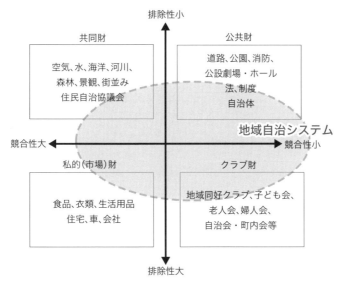

図中の文字：

排除性小

共同財
空気、水、海洋、河川、
森林、景観、街並み
住民自治協議会

公共財
道路、公園、消防、
公設劇場・ホール
法、制度
自治体

地域自治システム

競合性大

競合性小

私的(市場)財
食品、衣類、生活用品
住宅、車、会社

クラブ財
地域同好クラブ、子ども会、
老人会、婦人会、
自治会・町内会等

排除性大

※図1は、高村学人氏、前山総一郎氏らの整理を参考としている。
※自治協の組織自体は共同財である。地域自治システムは、共同財としての自治協と公
　共財である行政機構との双方にまたがる存在である。また、自治協が扱う課題は、必
　ずしも共同財や公共財の範疇にとどまらず、市場財やクラブ財にも及ぶことがある。

図1　地域社会における財の4類型

ある。その構造からして、地域代表のコミュニティ型の思考法と、課題別アソシエーション型の思考法とが混在する。また、自治協が取り扱う課題と事業も、図1のように四つの財に分布する。

　例えば、基礎的な自治会・町内会等が主体的に行う会員向け行事に関しては、クラブ財としてのルールが適用され、自治協はあまり関与せず、単位自治会にゆだねるほうが良い。また、過疎地などで自治協が経営している雑貨店やガソリンスタンドの事例は「市場の補完的機能」の発揮であっても、やはり私的財取引のルールに基本的には則るものである。反対に、行政の事業委託を受けた指定管理者としての施設管理である場合は、公共財の管理と運営の代理者として対処しなくてはならない。

　地域共同財としての自治協は、この先、どんな課題に向き合う必要があるのだろうか。まずは、防犯や防災といった地域社会における安全・安心

の確保であり、また、信頼に基づく人々の関係を結わえ直すことだ。このような安全・安心や信頼関係もまた、行政の力だけでは形成が難しい地域の共同財であるといえる。このような信頼関係を通じて実現する基本的な社会基盤が、ジョン・デューイがいった「面識的社会」である、といってよい。そして、その社会の人びとがコミュニケーションを重ね、信頼関係を構築する中で生産される「社会関係資本」こそが、現代の地域共同財と考えるべきである。

注
1) 行財政改革には三段階あり、第一段階が経費節減のコストダウン改革、第二段階で生産性向上改革に移行する。さらに第三段階で政策の有効性や投資効果を分析した事業、政策のスクラップ・アンド・ビルドに至るのが本来であるが、日本における多くの自治体行財政改革は、第一段階に終始しているのが実情である。
2) もともと補完性の原理は、ヨーロッパ地方自治憲章で強調されたものである。EU統合に際して、事務や事業が上部団体に移行していく傾向にある中で、現にうまく機能しているものはやはり地方が行うべきであるという考え方がそこにある。むしろ、上部団体から下部団体へ事務事業の移行を慫慂する傾向にある日本での理解とは異なることに注意すべきである。またそこには、基礎自治体側の主体性、自立性が尊重される原則が、その前提にあることを理解しておくべきである。
3) 名和田是彦（2021）『自治会・町内会と都市内分権を考える』（東信堂まちづくりブックレット）50頁
4) 荒木昭次郎（1990）『参加と協働　新しい市民＝行政関係の創造』（ぎょうせい）5〜34頁
5) MacIver, R. M.［1917］*Community*, Macmillan/ 中久郎・松本通晴監訳（1975）『コミュニティ』ミネルヴァ書房、47頁
6) 阿部昌樹（2011）『分権改革と自治基本条例』（（特活）NPO政策研究所、市民社会の哲学ブックレット08）18〜19頁
7) 治安向上のために、出入口に警備機能つきのゲートを備えたり、擁壁で居住地区を囲う住宅地区。1990年代のアメリカで「要塞都市」と呼ばれて注目されるようになった。
8) 実際は、フリーライダー的な不公平感を現場で聞くことがある。これは、自治協が行う事業に公共財とクラブ財との中間領域（公金と参加費を組み合わせた事業）があるためである。ただし、防犯、防災など命に関わることは、決して排除してはならない。
9) Ostrom, E（1990）*Governing the Commons : the Evolution of Institutions for Collective Action*, Cambridge University Press

# 地域自治の法理論

阿部昌樹

## ■1 新たな法人制度の提唱

　近年、基礎自治体の区域よりも狭い地域において、そこに暮らす人々が中心となって取り組む地域自治の実践の実態に適合的な、新しい法人類型を創設すべきであるという提言が相次ぎ、それらの提言において提唱されていた事項の一部は、法制化されるに至っている。

　先鞭をつけたのは、伊賀市、名張市、朝来市、および雲南市の4市が実施した共同研究の成果として2014年2月に公表された『小規模多機能自治組織の法人格取得方策に関する共同研究報告書』における「スーパーコミュニティ法人」の提案である。この『報告書』において4市は、現行法上の法人類型はいずれも、地域自治の実践の実態にそぐわないものであることを指摘したうえで、「公法人的側面と私法人的側面の両面を持ち、条例による民主的な正当性をもった公的認知を得て地域を代表すると同時に、地域が必要とするさまざまな公益的な収益事業や公共サービスの提供活動を行う」ような法人の設立を可能とする新たな法律が必要であるという認識を示し、その新たな法律によって制度化されるべき新たな法人類型を「スーパーコミュニティ法人」と命名したのである。

　4市のこの提案は、国レベルでの検討を促した。まず、内閣官房まち・ひと・しごと創生本部事務局が、「地域の課題解決のための持続的な取組体制の確立に向けて、その課題及び論点を整理し、結論を得るため」に、「地域の課題解決のための地域運営組織に関する有識者会議」を立ち上げた。2016年3月のことである。この有識者会議が同年12月に公表した『最終報告』は、明らかに4市の問題意識を継承するものであった。「地域運営組織」、すなわち「地域住民自らが生活サービスの提供やコミュニティ

ビジネスの事業主体となりうる地域住民主体の組織」が、「地域のニーズ
に応え、経済活動を含む地域の共同事業を発展させようとすれば、さまざ
まな契約関係が発生すること、また、公共施設の指定管理者等として行政
からの委託事業等を受託することがあること、資金の確保のため外部の支
援者からの寄附金や行政からの交付金の受け入れを進めることも多いこと
等から、法人格を取得する必要が生じる」という認識が示されるとともに、
「既存の法人制度を参考にしつつ、経済活動を行う地縁型組織の法人化を
促進する上で現行の制度に不足している点があるかどうか、また、どのよ
うな制度にしていくことが望ましいか」を、引き続き検討していくべきで
あるという提案がなされたのである。

　この提案がなされたのと同じ月に、総務省が、「地域自治組織のあり方
に関する研究会」を立ち上げた。この研究会は、「地域運営組織」すなわ
ち「暮らしを支える対人サービスをきめ細やかに提供し、地域の良好な環
境の維持・向上を図り、公共的な空間の質を向上させるなど、さまざまな
活動に取り組み、都市空間や都市生活の魅力向上、地域の課題解決に寄与」
している住民主体の組織にふさわしい法人制度に加えて、「地域自治組織」
すなわち「基礎的自治体内の一定の区域を単位とし、住民自治の強化や行
政と住民との協働の推進などを目的とする組織」のあり方についても検討
することを目的としていた。こうした設置目的を踏まえ、この研究会が翌
2017年7月に公表した『報告書』においては、まず、地方自治法260条
の2に法人格の取得方法等が規定されている「認可地縁団体」の制度を、
同条1項の「不動産又は不動産に関する権利等を保有するため」という
法人格取得の目的を、より広範な事項を法人格取得の目的としうるように
修正するなどの法改正を行うことによって、「地域運営組織」の実情によ
り適合的なものに改めていくことを積極的に検討すべきことが提唱された。
それに加えて、そうした対応によっては解決困難な問題に対応するための
方策として、地域の住民であれば「当然に加入して構成員となり、費用を
負担する公法人としての地域自治組織」を法制化する可能性にも論及がな

され、「公共組合」として法制化するとした場合と「特別地方公共団体」
として法制化するとした場合とのそれぞれについて、設立手続や組織運営
に対する法的規律のあり方が試論的に提示された。

　こうした動向は、2018年7月に調査審議を開始した第32次地方制度
調査会にも引き継がれた。第32次地制調は、2020年6月に、『2040年
頃から逆算し顕在化する諸課題に対応するために必要な地方行政体制のあ
り方等に関する答申』を内閣総理大臣に手交し、その任務を終えているが、
この『答申』には、住民のニーズに応え、地域の課題を解決するために活
動をしている「コミュニティ組織」にとって、「法人格の取得は、持続的
な活動基盤を整える上で有用な方策の1つである」という認識が示され
るとともに、地方自治法上の認可地縁団体制度に関して、「簡便な法人制
度としての意義を維持しつつ、不動産等を保有する予定の有無に関わらず、
地域的な共同活動を行うための法人制度として再構築することが適当であ
る」という提案が盛り込まれたのである。

　この第32次地制調の提案は、第11次地方分権一括法案（地域の自主
性及び自立性を高めるための改革の推進を図るための関係法律の整備に関
する法律案）に盛り込まれることになった。すなわち、この法案は、地方
自治法260条の2第1項の「地域的な共同活動のための不動産又は不動
産に関する権利等を保有するため」という文言を、「地域的な共同活動を
円滑に行うため」と改めることを内容とする条項を含むものであった。そ
れが2021年5月に可決され、地方自治法が改正されたことにより、かつ
ては不動産又は不動産に関する権利等を保有するためでなければ利用する
ことができなかった認可地縁団体制度が、この改正条項が施行された
2021年11月26日以降は、多様な活動のために利用できるものとなった
のである。

　本章では、このように新たな法人類型の創設要求が続出し、その一部が
法改正へと結実するに至った、その背景を探究したうえで、新たな法人類
型の創設が、これからの地域自治の担い手にふさわしい存在の創出に、ど

のように、そしてまた、どの程度貢献しうるのかを検討する。そうした作業を進めていくためには、新たな法人類型を創設すべきであるという要求がどこからも出てこないような、それどころか、地域自治の担い手に法人格を付与する必要があるという主張すら聞かれないような、仮想状況を出発点とするのが有益である。そうした仮想状況を、「地域自治のユートピア」と呼ぶことにしたい。「理想郷」という意味での「ユートピア」ではなく、「どこにも無い場所」という意味での「ユートピア」である。

## 2 地域自治のユートピア

その地域は、かつては地域全体が一つの村であったが、市町村合併の結果、現在では市の一部となっている。

そこに暮らす者の多くは、乳幼児、児童、生徒、学生、専業の家事従事者、そして定年退職して現役を退いた者を除いては、有給の仕事に就いているか自営業を営むかしており、生活に必要な収入を得ることができている。著名な大企業の工場が地域内に立地しており、そこで働いている住民が少なくない。数少ない生活困窮世帯はいずれも生活保護を受給しており、支給される生活保護費に加えて、隣近所からのさまざまな援助もあり、健康で文化的な生活を営むことができている。定年退職した高齢者も、同様に隣近所からの援助を受けつつ、年金の不足分を、在職中の貯蓄を少しずつ取り崩して補うことによって、やはり、健康で文化的な生活を営むことができている。

住民が日常生活を営んでいくために必要な最低限度のサービスは、民間企業や市役所によって提供されている。

地域で開業しているいくつかの商店で、日常生活に必要なものはほとんど入手可能であるし、地域では手に入らないものも、車で30分程度の距離にある繁華街まで行けば、たいていは手に入る。医療に関しても同様で、地域で開業しているのは、内科と小児科の看板を掲げる小さな診療所一軒だけであるが、車で30分程度の距離に総合病院があり、適切な診療を受

けることができなくて困ることはない。地域と繁華街や総合病院とを結ぶ民間交通会社の路線バスが、30分に1便程度の頻度で運行しているため、自分では車を運転できない者であっても、容易に繁華街や総合病院に行くことができる。

　市役所の本庁舎は、車で30分程度の距離にある繁華街に隣接した場所にあるが、支所が、この地域の中心部に設けられている。住民税の納付や住民票の取得等は支所において行うことができるため、市役所の本庁舎に行かなければならないのは、わずかな機会に限られている。しかも、市役所の本庁舎に行くのは、繁華街や総合病院に行くのと同様に容易である。加えて、市役所の支所には、地域のことをよく知る職員が常駐しており、住民のさまざまな相談に応じてくれるし、必要に応じて、本庁舎で執務している各課の職員に問い合わせて、必要な情報を手に入れてくれたりもする。

　市役所の支所の隣には、市が設置し、運営している公民館がある。公民館では、市が主催する講演会や演奏会等が時折開催されるが、そうした行事がない日には、住民が自発的に結成し、その結成を市に届け出た団体であれば、無料で公民館を利用することが認められており、コーラスサークル、ヨガの会、将棋同好会等が、公民館を拠点に活発に活動している。

　そうした同好の士の集まりに加えて、その地域には、かつての集落ごとに、全世帯が加入している自治会（地域によって「町内会」「区」などさまざまな名称があるが、以下、本章では「自治会」という）が存在しており、それぞれの規約に基づいて自治会費の納入を免除される生活困窮世帯を除いては、会員世帯は皆、自発的に自治会費を納入している。地域内のすべての自治会によって構成される連合自治会も組織されており、自治会費の一部は、この連合自治会の運営のために使われている。

　それぞれの自治会や連合自治会には、地域内の商店や工場から、毎年いくらかの寄附があり、自治会費と寄附金とをあわせると、自治会や連合自治会が資金繰りに困ることはない。そもそも、自治会や連合自治会の活動

は、正月の餅つき大会、春の花見の会、夏の盆踊り大会、秋の地域運動会といったイベント、2ヶ月に1回実施している地域の一斉清掃、敬老の日に実施している高齢者への祝い金の贈呈等であり、いずれも、それほど多額の支出が伴うわけではない。しかも、それらの行事のなかには、市から補助金が交付されるものもあるため、自治会や連合自治会の固有の資金からの支出は、かなり抑えられている。

　また、そうした自主事業に加えて、市から委託された事業として、各自治会が月1回、『市政だより』を旧集落内の全戸に配布し、連合自治会が年1回、防災訓練を実施しているが、それらの事業には市から十分な額の委託金が支払われるため、自治会や連合自治会が、それらの事業で持ち出しを余儀なくされることはない。

　ちなみに、市が、自治会や連合自治会が実施する自主事業に補助金を交付することや、『市政だより』の配布や防災訓練の実施を自治会や連合自治会に委託することに反対する者は、地域内にも地域外にも存在しない。それらの事業に関連した補助金や委託金の支出が、公金の使途として不適切なのではないかという声が、市議会においてあがったこともない。

　自治会や連合自治会の自主事業にも、連合自治会が市から委託されて実施している防災訓練にも、毎年多くの者が参加している。また、旧集落ごとに、自治会の下部組織のようなかたちで、老人会、青年会、女性会、子ども会が組織されており、それらの組織の活動も、活発に行われている。

　住民の多くは、自治会に加入するのは当然であると思っている。小学生の頃から子ども会が主催するさまざまな行事に参加し、その後も、青年会や女性会が主催するさまざまな行事に参加しているので、その延長線上で、自治会が主催する各種の行事に参加することは、当たり前のことなのである。また、青年会や女性会でリーダー役を務めた者が、しばらくして自治会の役員になるという慣行が確立しており、自治会の役員のなり手がいなくて困ることはない。連合自治会の役員には、自治会の役員を務めた者のなかでとりわけ人望が厚かった者が、ごく自然に選ばれるため、連合自治

会の役員に関しても、やはり、なり手がいなくて困ることはない。

　連合自治会は、地区社会福祉協議会、地区民生委員協議会、地区体育振興会等と密接な連携関係を構築しており、それらの団体との間では役員の兼任も多く見られる。また、連合自治会との関係はそれほど密接ではないが、多くの住民の参加を得て、地域のために活動している団体として、地域の伝統芸能である神楽の次世代への継承を目指す神楽保存会、地域に残る史跡の保存に取り組む史跡保存会、地域内の工場に勤務している外国人労働者やその家族との交流に取り組む国際交流の会等がある。

　連合自治会の会合は公民館の会議室を利用して行われているが、それぞれの自治会の会合場所は、さまざまである。公民館の会議室を利用している自治会もあれば、会長の自宅を会合場所としている自治会もある。いくつかの自治会は、自前の集会所を持っている。それらは、昔から集落の共有地であった土地に、会員からの寄附を募って集めた資金によって建てられたものである。土地も建物も、集会所が建設された時代に自治会長であった住民の個人名義で登記されているが、それで何か問題が生じたことはない。

　自治会や連合自治会の会合では、時として出席者間で意見がわかれ、議論が深夜にまでおよぶこともあるが、議論の後には必ず合意が形成され、参加者間にしこりが残ることはない。また、住民はみな、自治会や連合自治会の役員は、地域のことを真摯に思い、地域をよりよくしようと努めていることを知っているので、自治会や連合自治会の会合での決定に、そこに参加していなかった住民から不満が表出されることはない。

## ３ 法人化への動因とそれに適合的な法人類型

### （1）法人制度の本質と法人法定主義

　「地域自治のユートピア」では、地域自治の担い手を法人化すべきであるという主張がなされることはない。地域の現実が「地域自治のユートピア」とは異なる、その異なりの程度や内容に応じて、地域自治の担い手を

法人化すべきであるという声があがり、さまざまな法人類型が検討対象とされ、その結果、既存の法人類型のいずれかが選択されたり、あるいは、いずれの法人類型も地域の実情にはそぐわないという判断がなされ、法人化が断念されたりする。その延長線上に、新たな法人類型を創設すべきであるという要求の表出がある。

　それでは、「地域自治のユートピア」からのどのような乖離が、どのような法人類型の創出要求へとつながるのであろうか。この問いに答えるためにはまず、法人制度の基本を押さえておく必要がある。

　法人制度の本質は、自然人すなわち生身の人間ではない存在に、法的な権利や義務の主体となることを認めることである。民法34条の、「法人は、法令の規定に従い、定款その他の基本約款で定められた目的の範囲内において、権利を有し、義務を負う」という規定は、そのことを明示したものである。人々の集団が法人となれば、その集団を構成する一人ひとりの人間ではなく、法人がそれ自体として、不動産の所有者となったり、契約の当事者となったりすることができる。また、法人の構成員や被用者による、法人のものであると見なすことのできる活動が、誰かに損害をもたらした場合には、その損害を賠償する責任を負うのは法人それ自体であって、個々の構成員や被用者ではないということになる。法定の法人類型のいずれも、この点において異なるところはない。

　しかしながら、それぞれの法人類型ごとに、法人として行うことができる活動や担うことのできる法的な権利や義務の範囲には、差違がある。たとえば、会社法に基づいて設立された株式会社であれば、その定款に記載された目的に関連したさまざまな事業を行うことができるのに対して、特定非営利活動促進法に基づいて設立された特定非営利活動法人が主たる事業として行うことができるのは、特定非営利活動促進法の別表に掲げられた20の活動のうち、定款にその行う特定非営利活動の種類として記載されたものに限定される。また、法人としての活動が利益を生み出した場合、株式会社であれば、その利益を構成員すなわち株主に分配することができ

るが、特定非営利活動法人には、同様の構成員への利益分配は、法律上認められていない。さらに、それぞれの法人類型ごとに、法人となるための要件、法人となるために踏まえなければならない手続、法人となった後に毎年度公表しなければならない事項等も異なっている。

それとともに重要なのが、現行法は「法人法定主義」を採用していることである。「法人法定主義」とは、法律によって定められた法人類型のいずれにも当てはまらないような法人は、創設することができないという考え方であり、民法33条1項の「法人は、この法律その他の法律の規定によらなければ、成立しない」という規定は、現行法がそうした考え方を採用していることを宣明したものに他ならない。こうした考え方を前提とする限り、現存の法人類型のいずれも、これからの地域自治の担い手にふさわしいものではないとしたならば、そしてそれが看過し得ない問題であるとしたならば、新たな法人類型を創出するために現行法を改正するか新法を制定するか、いずれかの対応が不可欠となるのである。


## (2) 不動産の所有

「地域自治のユートピア」では、いくつかの自治会が集会所を所有していた。しかしながら、不動産登記簿上は、その集会所の土地や建物は、かつて自治会長であった個人のものであるということになっていた。それで、何も問題はなかった。実際の所有者は自治会であることを地域の誰もが知っていたし、名義上の所有者であるかつての自治会長も、自分が登記名義人であることに乗じて集会所の土地や建物を売却してしまおうなどとは、露ほども思わなかったからである。

ところが、ある自治会の集会所の名義上の所有者が亡くなり、その財産が相続されることになった際に、長く地域外で暮らしている相続人が、実際は自分のものではないのに名義上は自分のものとなっている土地や建物が、自分の目の届かないところにあるのは何となく不安なので、集会所の土地や建物の不動産登記簿上の名義を、自治会に移して欲しいと申し出た。

この申し出に、自治会は直ちには応じることができない。法人ではない自治会は、法律上は、不動産所有権の帰属主体にはなり得ないからである。不動産登記簿上の名義を自治会に移すためには、自治会が、まずもって法人格を取得しなければならない。

2021年に改正される以前の地方自治法260条の2は、まさにそうした場合に法人格を取得するための手続や、法人格を取得した場合のその効果について定めたものであった。現在では、この条文は、「地縁に基づいて形成された団体」が、不動産を取得するか否かに関わりなく、「地域的な共同活動を円滑に行うため」に法人格を取得することを可能とする内容に改められているが、この条文が、自治会が不動産の登記名義人になるために利用可能なものであることに変わりはない。そこに定められている手順に従って市町村長の認可を受ければ、自治会は、自治会それ自体として、不動産の登記名義人となることができるようになるのである。

## （3）事業の拡充

「地域自治のユートピア」では、自治会や連合自治会は、それぞれに自主事業や市からの委託事業を実施していたが、それらの事業を実施するために誰かを雇用するとか、それらの事業を実施するために必要な資金の一部を金融機関から借り入れるといったことは、まったくなかった。事業の実施に必要な労力は、会員である住民によって無償で提供されていたし、事業の実施に必要な資材等はすべて、徴収済みの自治会費や市からの補助金や委託金を用いて、現金払いで入手することができていたからである。

ところが、連合自治会が、それまでは経験したことのない大規模な事業に取り組むことを余儀なくさせる、大きな変化が地域に生じた。地域内の工場が、母体である企業の経営不振を理由に閉鎖されたのである。その工場に勤務していた者やその家族の多くが、同じ企業の別の地域にある工場で働くために、引っ越していった。その結果、地域の人口が大きく減少し、地域はもはや一つの商圏としては成り立たなくなってしまった。地域内の

商店は次々と閉店していき、遂に、地域内に商店が一軒もないという状態に至った。さらに悪いことに、地域の人口減少により、十分な乗客を見込めなくなった民間交通会社が、地域と繁華街や総合病院とを結ぶバスの路線を廃止することを決定した。

　連合自治会は、こうした地域の変化に対処するために、閉店した商店の店舗を借り受け、連合自治会としてスーパーマーケットを経営することを決定した。利益を上げることではなく、あくまでも住民の生活を支えることを目的として、スーパーマーケットの経営に乗り出すことにしたのである。

　スーパーマーケットを経営するためには、生産者や卸売業者から商品を仕入れる必要があるし、毎日朝から夕方まで店を開けるためには、店員を雇用する必要がある。連合自治会長が個人として、生産者や卸売業者と売り掛け払いの契約を締結したり、店員の雇用主となったりすることは、もちろん不可能ではない。しかしながら、そうすると、スーパーマーケットの売り上げが見込みを大幅に下回り、売上金から買掛金や賃金の全額を支払うことができなくなってしまった場合に、連合自治会長が自らの個人資産でそれらを支払わなければならなくなる可能性が高い。そうした事態の発生は避けるべきであるとしたならば、連合自治会それ自体が法人となってスーパーマーケットを経営するか、あるいは、スーパーマーケットを経営する法人を、新たに設立する必要がある。そうすれば、スーパーマーケットの経営に責任を負うのは法人であって、連合自治会長個人ではないということになる。

　連合自治会それ自体を法人化するとしたならば、2021 年改正後の地方自治法 260 条の 2 に基づく認可地縁団体、特定非営利活動促進法に基づく特定非営利活動法人、一般社団法人及び一般財団法人に関する法律に基づづく一般社団法人の、いずれかとなることが目指されるであろう。それに対して、スーパーマーケットを経営する組織を連合自治会とは別個に作り、その組織を法人化するとしたならば、特定非営利活動法人や一般社団法人

に加えて、会社法に基づく株式会社や合同会社も、検討に値する選択肢となる。

　もっぱらスーパーマーケットの経営に取り組む事業体を、特定非営利活動法人として法人化することに対しては、スーパーマーケットの経営は収益事業であり、特定非営利活動法人は、そうした収益事業を、従たる事業として行うことはできるとしても、主たる事業として行うことはできないのではないかという疑問が提起されるかもしれない。

　確かに、スーパーマーケットの経営は、法人税法上は課税対象となる収益事業であり、特定非営利活動法人であっても、それを行えば、そこから得た収益は課税対象となる。しかしながら、たとえ収益事業であっても、特定非営利活動促進法別表に掲げられた20の活動のいずれかに該当するものであれば、特定非営利活動法人がその事業を主たる事業とすることに、法的な問題はない。商店が皆無となってしまった地域において、住民の暮らし支えるために尽力することは、「保健、医療又は福祉の増進を図る活動」、「まちづくりの推進を図る活動」、あるいは「消費者の保護を図る活動」として、特定非営利活動法人が主たる活動として取り組むことが法律上認められた活動の範疇に含まれると考えられる。

　むしろ、連合自治会とは別個に、スーパーマーケットを経営する事業体を、株式会社または合同会社として設立したうえで、その株式会社または合同会社が利益を上げた場合には、その全額を母体である連合自治会に寄附するといった趣旨の規定を定款に盛り込んだり、実際にそのような運営を行ったりした場合に、利益を構成員に配分することを旨とする営利法人として株式会社や合同会社という法人類型が法定されている、そもそもの趣旨に反することになるのではないかという問題がある。

　また、連合自治会それ自体が特定非営利活動法人または一般社団法人となってスーパーマーケットの経営に取り組み、それによって収益をあげ、その収益を、連合自治会が取り組んでいるその他の収益のあがらない活動の資金として用いた場合に、見なし寄附金制度が適用されず、スーパーマ

ーケットの経営による収益の全額が課税対象になることが、連合自治会がスーパーマーケットの経営に取り組むそもそもの意図にそぐわないと、批判されてきた。2021年改正後の地方自治法260条の2に基づく認可地縁団体として法人格を取得したとしても、見なし寄附金制度が適用されないという点においては、特定非営利活動法人または一般社団法人として法人格を取得した場合と、異なるところはない。見なし寄附金制度の適用を受けるためには、公益社団法人か認定特定非営利活動法人となる必要があるが、連合自治会のような地域自治の実践に取り組む住民団体がそれらの類型の法人となることは、現行法上は、ほぼ不可能である。

　これらの点を勘案するならば、現行法上の法人類型はいずれも、地域の住民が共同で、利益を得るためではなく、もっぱら住民の日々の暮らしを支えることを目的としてスーパーマーケットの経営に乗り出していくために利用するには「帯に短し襷に長し」であり、新たな法人類型の創出が必要であるということになるであろう。

　採算がとれないために廃止された民間交通会社のバス路線に代わる、自家用車を所有していない高齢者やその他の住民が繁華街や総合病院に行くための交通手段を提供するために、連合自治会が交通空白地有償運送事業に取り組むことを決め、そのために法人格を取得しようとする場合も、同様の検討が行われ、同様の問題が発見されることになるはずである。


## (4) 地域代表性の認証

　「地域自治のユートピア」には、自治会や連合自治会が地域を代表する団体であることに疑問を呈する者は、存在しなかった。そしてそれゆえに、市が、自治会や連合自治会に補助金を交付したり業務を委託したりすることを、問題視する声があがることもなかった。それは、地域の全世帯が自治会に加入しており、連合自治会は、そうした自治会を束ねる存在であったからである。

　ところが、徐々に状況が変化していった。世帯の誰もが多忙で、自治会

活動に参加できないことを理由に、自治会から退会する世帯が相次ぐとともに、新たに地域に転入してきた世帯の多くが、自治会への入会を拒むようになっていったのである。その一方で、興味や関心を共有する住民が個人として加入し、会員の興味や関心にかなった活動のみを、自治会とは無関係に行う団体が、次第に増えていった。そして遂に、自治会や連合自治会は、一部の住民が任意に参加している団体であるという点において、その他の諸々の団体と異なるところはなく、そうであるにもかかわらず、市が、自治会や連合自治会に、他の団体には交付していないような補助金を交付したり、他の団体へは委託しないような業務を委託したりするのは、自治会や連合自治会の不当な優遇であり、公金の支出方法として不適切であるという指摘が、一部の市議会議員からなされるようになった。

　その一方で、市の財政状況が徐々に悪化し、支所は閉鎖せざるを得なくなるとともに、公民館も、運営経費を圧縮するために、指定管理者制度の対象とすることを検討せざるを得なくなった。それに加えて、自治会や連合自治会に交付してきた補助金も、見直しの対象とせざるを得なくなった。市長としては、公民館を指定管理者制度の対象とするのであれば、連合自治会を指定管理者としたいし、自治会や連合自治会に交付してきた補助金を削減することにより、地域における住民主体の活動が縮小してしまうようなことは避けたいという思いが強いが、そうした思いを市政運営方針として表明したならば、市は自治会や連合自治会を不当に優遇していると指摘している市議会議員からの、さらなる批判を招く可能性が高い。

　そこで市長が考えたのが、地域を代表する団体であることの公的認証となるような法人格を自治会や連合自治会が取得したならば、連合自治会を公民館の指定管理者としたり、自治会や連合自治会に、他の団体には交付しないような補助金を交付したりしても、何ら問題はないのではないかということであった。

　しかしながら、現行法体系のなかには、その法人格を取得したならば、それだけで地域を代表する団体であることの公的認証を得たことになるよ

うな、しかも、一つの地域においては一つの団体だけに与えられるような法人格は存在しない。雲南市等の4市による「スーパーコミュニティ法人」の提唱は、何よりもまず、そうした法人類型を創出すべきであるという提言に他ならない。

それが存在しない現状においては、一つの地域には一つの団体のみを、その地域を代表する団体であると公的に認証し、他の団体とは異なった処遇を与えるための仕組みは、基礎自治体レベルにおいて、条例等によって制度化されている。

たとえば、「スーパーコミュニティ法人」の法制化を提言した4市のうちの一つである伊賀市は、自治基本条例に、「住民自治協議会」すなわち「共同体意識の形成が可能な一定の地域において、そこに住むあらゆる人が自由に参加でき、地縁団体や目的別団体などとともに、身近に地域の課題を話し合い、解決できるよう、地域住民により自発的に設置された組織」の設立要件や権能等に関する規定を置いているが、その同じ自治基本条例に、「一つの地域は、複数の住民自治協議会に属することができない」と明記されている。一つの地域には一つの「住民自治協議会」しか設立することができないし、ある「住民自治協議会」の区域と別の「住民自治協議会」の区域とが、重なることもあってはならないという趣旨である。そして、「住民自治協議会」が設立された場合には、その代表者は市長に「設置の届出」をするものとされるとともに、「設置の届出」がなされた「住民自治協議会」に、市は、活動拠点の提供や財政支援を行うものとされている。また、「設置の届出」がなされた「住民自治協議会」を、市長は、自らの諮問機関および「市の重要事項」に関する「同意・決定機関」とするものとされている。市長に設立を届け出た「住民自治協議会」は、地域を代表する団体と見なされ、それにふさわしい処遇を受けるという趣旨である。

もちろん、伊賀市の「住民自治協議会」は、自治会や連合自治会とは別個の団体である。しかしながら、条例に規定された、市が、一つの地域には一つの団体のみを、その地域を代表する団体と認め、他の団体とは異な

った処遇を与えるための仕組みに基づいて設立され、市長に設置の届出がなされた団体であることは確かである。そのような仕組みを制度化する条例が合憲・合法であるとしたならば、自治会や連合自治会が所定の要件を充たしたうえで、所定の手続に従って首長に届け出れば、地域を代表する団体であると首長が認証し、自治体として、その団体に、他の団体とは異なった処遇を与えるという趣旨の規定を含んだ条例も、同様に合憲・合法であると見なされるはずである。

　しかしながら、自治体が特定の団体を、地域を代表する団体であると認証し、その団体に他の団体とは異なった処遇を与えることは、そもそも合憲・合法なのであろうか。特定の団体を優遇することは、法の下の平等を保障する憲法14条1項に違反することにならないのであろうか。特定の団体が公共施設を優先的に利用することを認めることは、「普通地方公共団体は、住民が公の施設を利用することについて、不当な差別的取扱いをしてはならない」と規定する地方自治法244条3項に違反することにならないのであろうか。そうした懸念は、杞憂であるとは言い切れない。

　自治体が特定の団体を、地域を代表する団体であると認証し、その団体に他の団体とは異なった処遇を与える仕組みの合憲性や合法性が訴訟における争点となり、裁判所によって、違憲もしくは違法であると判断されることがないようにするためには、そうした仕組みを条例によって制度化するに際して、少なくとも次の4点に留意することが肝要であろう。その第1は、そうした制度の創設が、地域にとって是非とも必要であることを裏付ける事実、すなわち「立法事実」を示すことができるようにしておくことである。第2は、住民団体が地域代表であることの認証を得るための要件を、地域の実情を踏まえるならば、大方の納得が得られるようなものとしたうえで、それを条例に明記することである。第3は、自治体が認証を与えるための手続に、認証付与に反対する者が自らの意見を表明する機会を組み込み、そうした手続を経なければならないことを条例に明記することである。そして第4は、自治体が認証を受けた団体に与える

特別の処遇を、地域の実情を踏まえるならば、大方の納得が得られる範囲にとどめることである。もちろん、これらの点に留意すれば、裁判所が違憲もしくは違法であると判断することは絶対にないとは言い切れない。しかしながら、違憲もしくは違法であると判断されるリスクを、抑えることができることは確かである。

　ただし、地域自治を実践的に担っている住民団体がそうした条例の規定に基づいて獲得するのは、あくまでも、その条例を制定した自治体との関係における地域代表性であって、それ以上のものではない。地域を代表する法人となるためには、そうした法人の設立を認める法律の規定に基づいて、所定の設立手続をとることが必要であり、そうした法律が存在しない現状においては、地域を代表する法人となることは不可能なのである。


## (5) 強制加入制の実現

　「地域自治のユートピア」では、連合自治会が2ヶ月に1回実施している地域の一斉清掃には、毎回かなりの数の住民が参加していた。すべての住民が参加するわけではなかったが、参加しない者がいても、そのことを問題視する声があがることはなかった。誰もが、参加しないのは、それなりの事情があるからに違いないと考えたし、実際、参加しない者には、体調が優れないとか仕事が多忙であるとかの、参加しないことについての納得できる理由があった。また、ある月の一斉清掃に参加しなかった者は、たいてい、2ヶ月後の一斉清掃には多少無理をしてでも参加し、不参加が続くとことは避けるよう努めていた。

　ところが、地域に暮らしながら、まったく一斉清掃に参加しない者が、徐々に増えていった。その最大の理由は、自治会から退会する世帯や、地域に新たに転入してきた世帯のうちで、自治会への加入を拒む世帯の増加である。それらの世帯の構成員のほとんどが、自治会の会員でなければ、連合自治会の実施する行事に参加する義務はないと考え、一斉清掃にまったく参加しなくなったのである。

一斉清掃への参加者の減少が止まらないことは、連合自治会の役員会において、地域にとって深刻な問題であると受け止められた。そして、役員の一人から、次のような意見が出された。

　一斉清掃に参加しない者は、何らの負担も無しに、一斉清掃に参加する者の無償奉仕によって保たれている良好な住環境を享受している。これは、由々しき問題である。この問題を解決するためには、すべての世帯に自治会への加入を義務づけるほかない。もちろん、自治会の会員になっても、世帯のうちの誰一人として、一斉清掃に参加しない世帯もあらわれるであろう。とりわけ、義務であるならば仕方がないと、嫌々ながら加入した世帯は、一斉清掃への参加を拒む可能性が高い。そこで、自治会への加入を義務づけるとともに、自治会費を大幅に増額し、一斉清掃に参加した者には、提供した労力に見合った報奨金を、会費収入のなかから支払うようにすべきである。そうすれば、一斉清掃に参加しない者が、一斉清掃に参加する者の無償奉仕にただ乗りしているという不公正は解消される。

　役員の多くが、この意見に賛同した。そして、地域に居住するすべての世帯に自治会への加入を義務づけるような、強制加入制を導入する可能性が検討されることになった。

　検討の過程で、役員の一人が、いくつかの強制加入制の法人が法定されていることに気づいた。たとえば、都市再開発法には、同法所定の手続を経て設立された市街地再開発組合は法人であり、しかも、その市街地再開発組合が施行する第一種市街地再開発事業の施行地区内の宅地の所有者や、それらの宅地に借地権を有する者は、すべてその市街地再開発組合の組合員となると規定されている。他にも、ある範囲の者が当然にある特定の法人の構成員となるという趣旨の規定を含む法律が、いくつかある。

　この気づきを契機として、役員会での検討は、自治会を強制加入制の法人とすることができるかどうかという問題へと進んでいった。しかしながら、導き出された答えは否であった。市町村内の特定の区域に住所を有する者のすべてが当然に構成員となるような法人を、住民のイニシアティブ

によって設立することを認め、そうした法人を設立するための手続を定めた法律は存在しないのである。

総務省が設置した「地域自治組織のあり方に関する研究会」において導入可能性が検討された「公法人としての地域自治組織」は、まさにそうした、現行法上は設立することのできない、強制加入制の地縁団体に他ならない。この研究会が 2017 年 7 月に公表した『報告書』においては、地域課題の解決に実践的に取り組む「地域運営組織の活動の一部について、フリーライドが可能であり、受益に応じた費用負担を求めることが困難であるという課題の解決方策としては、地域の住民・ステークホルダーにおいて機運が醸成され、相当数の同意がある場合に限り、地域の住民・ステークホルダーが当然に加入して構成員となり、費用を負担する公法人として地域自治組織を設立する選択肢を導入することが考えられる」という認識が示されるとともに、そうした「公法人として地域自治組織」を法制化する方式として、「公共組合」としての法制化と、「特別地方公共団体」としての法制化とが検討されている。そして、それら 2 つの方式のそれぞれについて、法人設立に際して履践することを法律上義務づけるべき手続が、試論的に示されている。

## 4 新たな法人類型の創出が求められる理由

これまで、地域自治の担い手として活動する団体として自治会と連合自治会とを想定したうえで、それらが地域の変化に伴って直面すると予想される諸課題と、それらの諸課題に対処するために法人化という方策を選択する可能性について検討してきた。これまで述べてきたことは、要するに、地域自治の担い手として活動する団体が直面する可能性のある課題のなかには、その課題に対処するために利用可能な法人類型があるものもあれば、ないものもあるということに他ならない。現行の法体系のなかには、団体名義で不動産を所有したり、契約の締結や資金の借り入れを伴うような事業を展開したりするために利用可能な法人類型は存在しているが、地域を

代表する存在となるためや、強制加入制を実現するために利用可能な法人類型は存在しないのである。

　この点に関しては、地域に居住する人々が、世帯を単位としてではなく、個人として加入するとともに、地域で事業を営む事業者、自治会や連合自治会、その関連団体、特定非営利活動法人等の各種団体も会員となることが認められているような、伊賀市の自治基本条例に規定されている「住民自治協議会」やそれに類似した団体であっても、自治会や連合自治会と何ら異なるところはない。

　また、利用可能ないずれの法人類型を利用したとしても、見なし寄附金制度は適用されず、それゆえ、法人税法上は収益事業に分類される活動によって得た利益を、構成員間で分配せず、収益の期待できない事業のために用いたとしても、その活動から得た利益の全額が課税対象になるという点においても、伊賀市の「住民自治協議会」やそれに類似した団体と自治会や連合自治会との間で差違はない。

　新たな法人類型の創設が提唱されているのは、こうした現状は法の不備であるという認識が、広く共有されつつあるからに他ならない。そして、2021年の地方自治法改正による認可地縁団体制度の利用可能性の拡大によっても、そうした状況が大きく変化したわけではないのである。

　もっとも、地域自治の担い手として活動する団体が、スーパーマーケットの経営や交通空白地有償運送事業に取り組まざるを得なくなったり、それらの団体の地域代表性を公的に認証する必要性が生じたり、それらの団体が取り組んでいる事業がもたらす便益を、それらの団体に何らの貢献もせずに享受する者が、その存在を看過し得ない程度に増加したりしなければ、現行の法制度が提供している法人類型だけでは不十分であると認識されることはないはずである。地域の実態が「地域自治のユートピア」から相当程度乖離してしまっていることが、現行法には不備があり、新たな法人類型を法定することが必要であるという主張を活性化させているのである。

地域の実態の「地域自治のユートピア」からの乖離は、次の２点において顕在化している。

　第１は、「市場」を媒介として地域に提供されるサービスと、自治体の行政組織をも含む広い意味での「政府」が地域に提供するサービスとが、いずれも、かつてほど充実したものではなくなっているという点においてである。地域内で営業していた商店の閉店や、地域と繁華街や総合病院とを結んでいた民間交通会社の運営する路線バスの廃止は、市場を媒介として地域に提供されてきたサービスの縮減であり、地域内に設置されていた市役所の支所の閉鎖や公民館の管理への指定管理者制度の導入は、政府が地域に提供してきたサービスの縮減である。市場と政府のいずれもが、かつてほどには期待できなくなってしまった状況に、住民自らが共同で対応することが求められるようになってきているのである。

　第２は、住民の意識が変化してきているという点においてである。多くの地域において、自治会は当然に加入するものであるという意識が住民に共有されている程度は、以前よりも低下してきている。その結果、自治会加入率が低下し、また、それとともに加入者層の高齢化や役員の固定化が進み、自治会は地域を代表する団体であるとは言い難い状況となっている。自治会加入率の低下はまた、自治会活動の継続に困難をもたらしてもいる。

　すなわち、市場と政府の狭間で、住民自らが共同で対応しなければならない課題が増大している一方で、その増大した課題に取り組むべき住民団体は、加入率の低下等により、地域を代表する団体とは見なし難い存在となりつつあり、なおかつ、課題への対応能力を低下させつつある。そうした地域の変化が、新たな法人類型を法定すべきであるという主張を活性化させているのである。

## 5 法人化の意義と限界

　新たな法人類型を創設し、地域自治の担い手として活動する団体が利用

できるようにすることによって、現下の状況に即した住民主体の地域自治を実践することが容易となる地域があることは確かであろう。「スーパーコミュニティ法人」を提案している4市の区域内の、住民主体の地域自治が実践されているそれぞれの地域は、まさにそうした地域なのかもしれない。

　しかしながら、新たな法人類型は、けっして万能薬ではない。

　そもそも、法人化しさえすれば、さまざまな事業を円滑に行うことができるというのは、幻想である。構成員のなかに、スーパーマーケットの経営に必要なノウハウを有している者が一人もいないし、そうしたノウハウを有している者を雇うあてもない団体が、法人化しさえすれば、それだけで、円滑にスーパーマーケットの経営を行っていけるとは考えられない。また、法人化すればそれだけで信用が高まり、金融機関が快く融資してくれたり、多くの生産者や卸売業者が、代金後払いで納品してくれるようになったりするわけではない。事業の遂行に必要なノウハウや信用を獲得できるかどうかは、法人化するかどうかとは別次元の問題なのである。

　それに加えて、たとえ連合自治会長等の個人名義でスーパーマーケットを経営したとしても、経営が順調で、売上金によって買掛金や従業員の給料を遅滞なく支払うことができていれば、債務不履行責任が発生することはなく、それゆえ、名義上の経営者が個人としてその責任の履行を求められることもない。また、債務不履行責任が発生した場合、法人化していなければ必然的に、名義上の経営者の個人資産によって、その責任を履行しなければならなくなるわけでもない。我が国においては、裁判所が、判例の蓄積をとおして「権利能力なき社団の法理」を発展させてきている。法人ではない団体であっても、法人の実質を備えていると認められる場合には、法人と同様に扱うという考え方である。たとえ、名義上の経営者を被告として、買掛金や従業員の給料の支払いを求める訴訟が提起されたとしても、実際に経営の主体となっている団体が、法人格は有していないものの、法人の実質を備えていると認められる場合には、裁判所がこの「権利

能力なき社団の法理」を適用し、名義上の経営者の個人責任を否定する可能性がある。

　また、住民団体が地域代表性の認証を得るための仕組みとしては、伊賀市の自治基本条例に規定されているようなもので十分であり、それに加えて、その類型の法人になれば、それだけで地域代表性を獲得できるような新たな法人類型を創出する必要性は、それほど大きなものではないように思われる。

　もちろん、条例によって創設された仕組みには、それに疑念を抱いた者が訴訟を提起し、裁判所によって違憲もしくは違法と認定される可能性が随伴しているのに対して、法律によって創設された仕組みであれば、違憲と認定される可能性はあっても、違法と認定される可能性はない。したがって、法律によって創設された仕組みによって地域代表性を獲得したほうが、条例によって創設された仕組みによって地域代表性を獲得するよりも、獲得した地域代表性はより盤石であることは確かである。

　しかしながら、地域自治を実践する住民団体が、法人化した結果として被る負担を勘案するならば、法律によって新たな法人類型を創設するほうが望ましいとは言い切れない。

　既存の法人類型のいずれかを選択し、法人化するのであれば、それに伴う負担は、事業報告書等の書類を、法定の書式に従って毎年度作成しなければならない等、事務量が増すことくらいであって、それほど大きなものではない。それに対して、その類型の法人になれば、それだけで地域代表性を獲得できるような法人類型が、新たに法律によって創設された場合、その法律に基づいて地域を代表する法人となった団体に課される法的義務は、かなり重いものとなることが予想される。自治体等が、その法人に、他の法人に与えるのとは異なった処遇を与えても、法の下の平等を保障する憲法14条1項に背いたことにはならないようにするために、その法人を厳格な法的規律の下に置くという判断が、立法段階においてなされる可能性が高いからである。そうした判断に基づいて法定される義務の履行は、

地域自治を実践する住民団体にとって、過剰な負担となるかもしれない。

　法的義務が過剰な負担となる可能性がさらに高いのは、地域自治を実践する住民団体が強制加入制の法人となることを可能とする法律が制定され、その法律に基づいて法人格を取得した場合においてである。

　強制加入制の法人の存在は、憲法21条1項によって保障された結社の自由の内容の一部であるとされる「結社しない自由」の過度の侵害となる可能性が高く、それゆえ、強制加入制の法人を法制化するとしたならばまず、「結社しない自由」の制約を正当化できるだけの、十分に説得力のある理由が求められる。地域の実態が「地域自治のユートピア」から大きく乖離した地域が存在することは、そうした正当化理由となり得るかもしれない。しかしながら、たとえ正当化理由があるとしても、強制加入制の法人には、その設立や運営が、加入を望んでいないにもかかわらず加入させられる者の権利や利益を過度に侵害しないようにするための、法的な制約が課されることになる。

　想定される法的制約には、2種類のものが考えられる。ひとつは、行うことができる事業の限定である。強制加入制の団体が行うことのできる事業は、すべての構成員の利益となるようなものに限定され、たとえば、高齢者世帯の利益にはなるが、若年者世帯には負担を課すだけの事業は、行うことができなくなる可能性が高い。もうひとつは、設立手続や設立後の法人としての意思決定手続の厳格化である。設立に際しては、構成員となる者すべての意向を確認するための慎重な手続を履践することが義務づけられる可能性が高いし、設立後の法人としての意思決定手続に関しても、構成員のすべてに十分な情報を開示したうえで、平等に発言の機会を与えるようなものにすることが義務づけられる可能性が高い。

　こうした法的制約は、地域自治を実践する住民団体にとって、フリーライドを防止できるというメリットに見合わない、過剰な負担となりかねない。

　強制加入制の法人となることにはさらに、構成員相互間の関係をぎくし

ゃくとしたものにしてしまう可能性も随伴している。意に反して加入させられた住民は、何とかして構成員としての義務を免れようとするかもしれないし、事あるごとに法人の運営に異議を唱えるかもしれない。そして、強制加入制の法人となることを先導したリーダー格の住民は、それらの者への対応に追われ、その結果、法人として取り組むべき事業の実施に支障を来すといった事態が生じるかもしれない。そうした可能性を考慮に入れるならば、強制加入制の法人となり、即座に地域の全住民または全世帯が加入しているという状態を実現するよりも、未加入の住民や世帯に対して、加入することの意義を理解し、自発的に加入してもらうために、丁寧な説得活動を地道に行い、徐々に加入率を高めていくほうが、より賢明な選択であるという判断に至る地域が多いのではないかと推測される。

　もちろん、地方自治法2条1項の「地方公共団体は、法人とする」という規定に類似した、地域自治の実践に取り組む団体は、特段の設立手続をとるまでもなく、また、望むと望まざるとにかかわらず、当然に法人となるという趣旨の規定を含む新法が制定されない限りは、どのような法人類型が新たに創設されたとしても、その類型の法人になるかどうかは、それぞれの団体が主体的に判断すべき事柄である。そうであるとしたならば、利用可能な法人類型は多ければ多いほどよいと言うことができそうであるし、新たな法人類型を創設すべきであるという提言は、強制加入制の法人となることも可能とすべきであるという提言も含めて、地域自治の担い手として活動する団体に開かれた選択肢の豊富化を求めるものとして、肯定的に評価すべきであろう。

　しかしながら、選択肢の豊富化のみによって、いかなる状況にある住民団体であっても、直面している地域課題に適切に対応することが可能となるわけではない。それぞれの住民団体には、地域の実情を踏まえ、最適の法人類型を選択することが求められる。

　また、たとえ地域の実情が「地域自治のユートピア」から大きく乖離し、そのことが多くの課題を地域にもたらしているとしてもなお、法人化以外

の方策によってそれに対処していくことが、地域の実情に最も適合的な選択であるような地域も、少なくはないはずである。法が提供する手法が、地域が直面している課題の解決策として、最善のものであるとは限らないのである。

　さらに付言するならば、地域のために何かをしたいという意欲と、その意欲を行動に移す実行力とを備えた住民が皆無となってしまったならば、どのような法制度が用意されようとも、住民主体の地域自治の実現は不可能である。新たな法人類型にせよ、それ以外の法制度にせよ、それを有効に活用することができる住民がいなければ、地域にとっては無価値なのである。したがって、現在、変わりつつある地域を懸命に支えている人々がまず取り組むべきなのは、中央政府への働きかけを強化し、新たな法人類型の創出を実現することよりもむしろ、自らが暮らす地域で、自らの活動を継承してくれる、信頼できる後継者を育てていくことなのかもしれないのである。

# 第II部

## 地域自治のしくみを
## どう設計するか

# 第4章 自治体に合ったしくみをどうつくるか

直田春夫

## ■1 自治体に合った地域自治システムとは

　本章では、自治体に合った地域自治システムと住民自治協議会（以下「自治協」という）の制度設計を行うにあたっての要点を述べる。なお、一部の項目の詳細については第8章Q＆Aを参照されたい。

　「自治体に合った」地域自治システム形成の条件は、ひとつは、自治体が基本構想・計画で「地域自治」や「コミュニティ」を柱としていたり、行政組織にこれらに関わる部署が存在するなど、相当程度「地域自治」を施策の中核としていることである。いまひとつは、地域のある範域で自主的な地域づくり活動を担う組織があり、それらが持続的に活動している状態あるいはその兆しが見られるということである。このような条件があれば、自治体に合ったシステム構築が可能となる。

　自治体に合った地域自治システムの形成にあたっては、特に次の点に留意する必要がある。

①何のために地域自治システム形成をめざすのか、本当にこのしくみが必要かを地域と自治体行政で共有することが最も大切である。この目的が共有されていれば、システムの形にさほどこだわる必要はなく、柔軟に取り組むことができる。

②可能性から考える、すなわち地域自治システムを採用すればできること、解決できそうなことを考えることが大切で、少なくとも今より一歩前進するだろうと思われる事実を積み上げることである。

③地域自治システムは、人びとを連携・協働へと導くために形成されるものであるから、住民主体の対等でオープンな熟議により合意形成をはかり、また多様な考え方を協和することが大切である。

④これまでに形成されてきた先行する地域自治システムもそのまま模する
　のではなく、自らの地域特性をふまえた地域なりのしくみを構築する必
　要がある。また、時代に合わせて変わっていくことを躊躇してはならな
　い。

⑤自治協は、当初だれが主導するにせよ、いずれ住民主体とならなければ
　ならない。行政は適切な時期に適切な支援を行うが、住民の中に「自分
　事としての地域づくり」という自覚が自然に生まれるようになることが
　大切である。

　ここでは、地域自治システム（特に自治協）の制度設計にあたっての要
点を、（1）制度設計の予備的段階、（2）制度の基幹、（3）組織・活動、（4）
財源の4カテゴリーに整理する。

## 2 制度設計の予備的段階

### （1）住民自治の二つの層

　地域自治システムは、身近な範囲で暮らしやすい近隣社会を築くために
住民により自主的に形成された近隣の自治を担う団体である自治会・町内
会等と、小学校区程度の範囲で複数の自治会・町内会等及び地域の諸団体、
個人の住民等で構成される住民自治協議会（自治協）の二つの層で構成さ

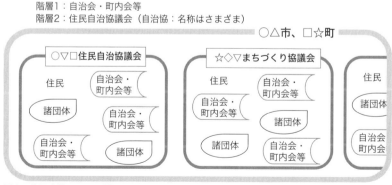

図1　住民自治の二つの層

れる（図1）。ただし、これらの層は上下の関係ではなく、対等であり連携のパートナーである。自治協は一の地域に一つだけ認定・認証され、一般的には自治体の中には複数の自治協が存在する。自治協の名称は地域によりさまざまである。

## (2) 根拠をどこに置くのか

　地域自治システムの、すなわち自治協の根拠をどこに置くのかは非常に重要である。なぜなら、自治協に対して交付金等を提供する等の便宜を図ろうとするなら、それ相応の位置づけが必要であるからである。このため、自治基本条例（まちづくり基本条例）や地域自治組織条例等の自治立法において自治協に一定の公益性・公共性を認める試みが行われてきた。例えば、三重県名張市では自治基本条例で、「市民は…一定のまとまりのある地域においてコミュニティ活動を行う組織として…地域づくり組織を設置することができる」（第34条）とし、「各種計画の策定や政策形成にあたっては…中略…その意思を可能な限り反映しなければならない」としている。ただし、それ以上の権限を持たせているわけではない。他自治体の例でも大きな異同はない。

　自治協を「公共的団体」として位置付けるためには、このように自治基本条例（まちづくり基本条例）等で明確に規定しておくことが望ましく、少なくとも規則・要綱等で位置付けておく必要がある[1]。

## (3) 自治協の認定・認証

　自治協を「公共的団体」と位置付けるには、自治体行政が条例や規則において規定する必要がある。ただし、自治協は住民の自主性、主体性に基づいて形成されるものであるという基本からすると、行政が「許可」するものではなく、「認定」あるいはNPO法人のように要件を満たしておればよいとする「認証」も選択肢に入るであろう。一部自治体では、「指定」「登録」としているところもある。

認定・認証には、基本的には一定の要件が必要とされる。多くの場合、区域を定めていること、当該区域の住民の多数が参加することが想定されていること、地域内の主だった団体が参加すること（自治会・町内会等、地区福祉委員会、青少年育成会、地区防災委員会等のうち複数の参加を要件とするなど）、組織の民主的かつ透明な運営（意思決定）を可能にするような規約が定められていること、区域の公共の福祉の向上あるいは地域課題解決を目的としていること等である。

　認定・認証は、自治協が公共的団体であるからこそ行われる。

## 3 制度の基幹

### (1) 空間的範域

　自治協の空間的範域は、小学校区以下とするのが適当であるが、一部合併前の旧町村、中学校区や統廃合する以前の旧小学校区としている場合もある。これは地域の歴史的・地理的実情（市町村の合併、小中学校の統廃合、交通網による生活圏域の再編等）にもよるので柔軟に考えることができる。

　小（中）学校区を範域とすることの妥当性はおおむね次の理由による。
・地域（地縁）団体の活動は小（中）学校区を単位とすることが多いこと
・空間的まとまりがあり、日常的に互いに面識ができる範囲であり、住民が一体感を持ちやすいこと
・範域が根付いており、住民にとってわかりやすいこと
・人材の多様性からすると、単位自治会より広い範域が求められること
　ただし、自治会・町内会等の活動エリアが学校区と合致しない場合は、生活圏を基本に住民及び団体の判断を尊重することが望ましい。範域設定は長期間に及ぶものであるから、住民の納得感が重要である。

### (2) 構成員（メンバーシップ）

　自治協は住民主体の公共的性格を持った団体であるので、範域内の全住

民を構成員とし、さらに構成員の単位は「個人」でなければならない（世帯単位の自治会・町内会等とは異なる）。構成員は幅広く考えるのがよく、住民（地方自治法上の住所を有する者）はもとより地域の諸団体（自治会・町内会等、地区福祉委員会、PTA、老人会、ボランティア団体、サークル、NPO、マンション等の管理組合等）、事業者（企業、商店、福祉事業所、NPO、商店会等）、また在勤・在学者を含むことが望ましい。

　全住民が構成員ということは規約等で定めておけば十分である。すなわち当該地区の全住民等を構成員であると "みなす" ということである。自治協の組織運営、活動への参加・参画の機会は構成員全体（構成員ではないと主張する人であっても）に開かれていなければならないし、自治協の実施する公益的サービスは全構成員を対象としなければならない。

　このことから、自治協は会員制（登録制）はなじまない。したがって、自治協は、ある意味でフリーライダーに対しても「開かれている」ということができる（第2章参照）。ただ、会員制を取らないということは会費の徴収を原則としてしないことにもつながる。

　既に自治協の範域で活動している団体は、組織運営の担い手となり、適切な役割を担うことが期待されている。


## （3）組織
### ①自治協の組織構成

　自治協は、全住民と図2に例示した地域の諸団体で構成され、民主的かつ透明な意思決定のしくみと課題解決の取組みを実行するしくみが両立していること、すなわち、意思決定機関と実行機関を両輪として、さらに事務局がそれらを支える形が望ましい[2]。最終的な意思決定は全構成員が参加可能な「総会」で行うが、日常的な意思決定機能は「運営委員会」で行い、「活動部会」が実行機能を受け持てば、役割分担が明確になり機動的な動きが可能となる。自治協の組織イメージは概ね図2、図3のようになる。これに、公益法人のように人事等を司る「評議員会」を設けること

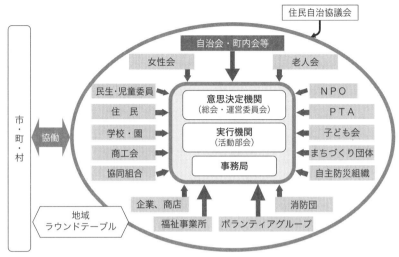

図2　住民自治協議会の組織構成イメージ（例）　　注：各自治協、自治体の構成図をもとに筆者加工

もある。組織構成は原則をふまえておれば、それぞれの地域で動きやすい形態としてもよい。なお、自治会・町内会等や地域諸団体等は自治協に加盟したり連携しても、吸収されたりするものではない。

**②総会、運営委員会（意思決定機能）**

　自治協の最高意思決定機関は総会である。総会の役割としては規約の制定・改正、役員の任命、予算の承認等がある。ただ、前述のように構成員の名簿の作成（範囲を確定する）はあまりしないので、定数は確定しない。したがって総会での議決には、代議員制をとったり出席者の過半数とするなど予め規約で定めておく必要がある。なお、地縁法人、NPO法人、一般社団法人等の場合は当該の法及び規約・定款の定めによる。

　運営委員会には、自治会・町内会等からの参加が必要であり、活動部会の代表や事務局も参加することが望ましい。活動への参加者の拡大のため公募枠を設けることも有効である。運営委員会の人数が多い場合は、比較的少人数の常任運営委員会を設置し、日常的な事務に関する決定を行うとともに、活動の総合調整を行ってもよい（詳細は **4**（3）参照）。なお委員

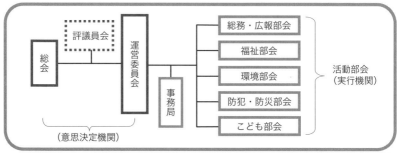

図3　住民自治協議会の組織形態（例）　　　　　注：各地域の事例をもとに筆者作成。名称は一例

は、年齢、男女のバランス等に留意する必要がある。

### ③活動部会（実行機能）

活動部会は、運営委員会の承認にもとづき、課題解決に向けた活動、地域づくり活動を実行する。福祉、環境、防犯・防災、交流、イベント、広報、総務等必要に応じて設けるが、このメンバーは地域に関わる諸団体やNPO、専門的団体、公募住民で構成することとし、一人ひとりの意欲と能力を発揮できる場とすることが大切である。何らかの貢献ができる、したい・してもいいと思う住民が輩出することを期待したい。

たとえば広報部会で、広報紙のデザイン、ITC に堪能な人に活躍の場を提供することが若手の参加を促すこと等につながる。

### ④事務局

自治協において事務局の役割は非常に重要である。可能なら常設かつ常勤・有償スタッフのいる事務局を持つことが望まれる。総務省（2021）によると、地域運営組織の約36％に常勤スタッフがいて、そのうち29％が有償ということである。単独の事務局を持つことができない場合は、複数の自治協が連携して、共同事務所を設けてもよく、NPO 等が事務局運営を請け負ってもよい。住民あるいは外部から適任者を雇用している例も多い。兵庫県朝来市や西脇市のように事務局員を雇用する費用を交付金等に上乗せしている自治体もみられる。

事務局の役割は、組織運営に関わるさまざまな事務仕事、活動部会の支え、行政との連絡調整、自治協間のネットワーク等であるが、本当に大事なのは地域づくり活動の企画とコーディネートである。ここに専門的ノウハウやスキルを持った若手を雇用したい。

　ただし、行政の関わりは組織運営の技術的な支援や情報提供などに留めるべきであり、事務局機能を全面的に担うようなことはあってはならない。

## ⑤活動の場（拠点）

　自治協の運営にあたり、常設の拠点を持つことが重要である。地元の公民館や市民センター等の指定管理者として管理運営を委ねられておれば、当該施設の一角を事務所として利用できる。また、公共施設の空き部分の転用や学校の余裕教室を活用するなども考えられる。廃校となった小学校跡を再生利用するという形も望ましい。

　このため、行政が自治協の事務所として提供できる公共施設について、広くリサーチしておくとよい。なお、自治協の利用に供する場合は、必ず公式の手続を経る必要がある。

## ⑥人材

　自治協における最大の課題は人材問題である。中山間地域、田園部、都市部を問わず高齢化と人口減少は地域のさまざまな活動にとって最大の弱点となっている。しかしながら、どの地域においても一定数の人はいるのであって、それらの人が地域自治活動に参加しない、できないことの問題が実は大きい。

　この壁を破るのが、自治協の基本原則である構成員は「個人単位」ということである。意思決定はもとより、意見の表出、行動等において、世帯主だけではなく一人ひとりの個人が自らの意思で参加・参画できるというスキームにより、女性、若者、新住民等が居場所を得られ、一人の構成員として尊重されることになる。一人ひとりが敬意を持って遇されることほど参加・参画の意欲をかき立てるものはない。旧来の年長者かつ男性優位社会を温存するのでは人材不足はいつまでも解消しないことを認識すべき

である。

　組織の内部で、人材を見つけ出し経験を積みながら育成していくプログラムを持った自治協も多い（山形県［2017］、第8章参照）。

## ⑦規約

　自治協は、全住民等を構成員とする公共的団体とされることから、誰もが意思決定に関与できる民主的なしくみがあり、会計や運営に関する情報が公開される透明性が確保され、運営や活動に参加できるよう開かれている必要があり、これら自治協運営の基本ルールが規約に定められていなければならない。予め定められた規約・ルールに基づいて運営をしていくのが組織ガバナンスの基本である。

　自治体の認定・認証にあたっては、規約にこうした民主性や透明性、公開性の原則などが書き込まれていること、及び実態があることを確認する必要がある。

## 4 組織・活動

### (1) ニーズ（住民意識）の把握

　自治協が地域課題の解決や公益的なサービス提供等により、よりよい地域づくりをめざして活動する場合、まず地域の現状がどうなっているのか、どのような課題があるのか、住民がどのように考え感じているのか等の把握にもとづき対応策の立案を行うわけだが、住民に状況の認識・判断や意向を聞くことが出発点となる。活動を効率的かつ効果的に行うためにも多様な手法を用いた住民ニーズの把握は必須である。

### ①アンケート調査

　数多くの人の意見を聞くのに適した手法にはアンケート調査がある。調査票を配布し、選択肢から選んでもらったり、意見を書き込んでもらう。この調査は、住民主体で実施することが望ましいが、専門的知識を必要とすることから、行政が支援したり専門家を派遣してアドバイスしたりしてもよい。

住民アンケート調査を実施する時の留意点は以下の通りである。

・この調査は、手間もコストもかかるので、何を知りたいのかを明確にし、設問・選択肢を十分に練って調査票を作成する必要がある。現在表面化している課題だけでなく埋もれた課題をも浮かび上がらせる工夫も必要だ。なお、住民意識は立場で大きく異なるので、回答票は世帯に1枚ではなく構成員一人ひとりに用意すべきである（できれば中学生以上）。

・集計・整理は、専門家の協力を得てももよいが、結果の分析は多様な視点から見ることが重要なので、住民参加の場で検討するのがよい。なお、調査結果は、必ず全住民に還元することが大切である。

## ②聞き取り（ヒアリング）調査

　アンケート調査では汲み取れなかった個別の考えや事情を把握するには聞き取り（ヒアリング）調査が有効である。一例として、独居高齢者への支援策の立案を考えてみよう。アンケート調査では平均的な回答しか得られないし、独居高齢者にアンケート票に書き込んでもらうのも難しい。このような場合は、独居高齢者を訪ね、家族を含め直接意見（ニーズ）を聞き取ることで、具体的な対応策が見えて来る可能性がある。地域課題は人によってさまざまなので一人ひとりに話を聞くことが効果的である。

　ただし、聞き取り調査は、多くの対象者をカバーすることは困難であるし、対象者のプライバシーに踏み込むこともあるので、実施には相互の信頼関係が不可欠である。

## ③ワークショップ

　多くの人の考えや意見から新しいものや考え方を創出する参加型の創造的な手法としてワークショップがある。公園のデザインなどだけでなく、地域づくりの方向を考える際にもよく用いられる。

　ワークショップでは、埋もれがちな小さな声をすくい上げ、多様な意見やアイデアを集約しよりよい成果を生み出すために、対等な立場で積極的に参加すること、他人の発言を良く聞くこと、他人の批判はしないことなどの基本なルールがある。

また、自由な発言ができるよう、リラックスでき楽しく参加できる環境＝会場と進め方の設計をきちんと行うことが重要である。もちろん目標、回数、参加者等の事前の想定は欠かすことができない。プログラムは、テーマに沿って順次話を積み上げられるよう組み立てる必要がある。このため、ワークショップを企画し進行するファシリテーターの役割は重要である。また、意見やアイデアを、模造紙・付箋等を活用し記録し、構造化（意味が読み取れるように構成する）し、参加者で共有する必要がある。

　ただし、ワークショップは万能ではない。さまざまな考え方を重ね合わせるひとつの手法であり、専門家の意見も聴きながら適切に実施することが大切である。

### ④地域ラウンドテーブル

　地域で、さまざまな立場の人が集まって、対等で自由に話し合う場である地域ラウンドテーブルは、出入自由、発言自由な情報交換・交流の場である。ラウンドテーブルでは、話し合い、情報提供はしても結論は出さない、意思決定はしないことを申し合わせとする場合が多いが、このことが参加や発言のしきいを低くし、住民の自然な声や気持ち、意見を出し合えることになる。

　この特性のため、自治協形成の初期段階において活用すると、地域課題を共有したりつながりをつくったり人材発掘の場とすることができる。

## （2）情報について

　自治協の運営や活動に関わる情報は多様であるが、類型別に整理すれば扱い方が明確になる（表1）。自治協自身についての情報は、社会から公共的団体として認められるよすがとなるものであり、可能な限り公開する必要がある。

　個人情報の扱いについては、自治体の個人情報保護条例等に準ずるとともに、自治協内で「個人情報取扱規定」を定めておくとよい。

表1　地域自治システムに関する情報

| 情報の類型 | 情報の内容 | 対応 |
|---|---|---|
| 地域自体についての情報 | 地域の地勢、自然環境、人口、公共施設、産業・商店、交通、歴史・文化財、居場所等 | 地域カルテの作成<br>オープンデータ化 |
| 地域住民の多様な活動についての情報 | 自治会・町内会等、地域諸団体、NPO、文化・スポーツサークル他の活動実態 | 活動一覧、アクセス方法一覧 |
| 自治協についての情報 | 規約や活動報告、予算・決算等の会計報告、組織構成、各種名簿、事務上の情報、行政への報告等<br>団体の強み、弱み等、住民ニーズや地域課題の状況、要支援者情報等 | 総会資料、団体情報はHP、SNS等により公開<br>必要に応じ行政に提出<br>調査により把握し共有する<br>厳正な管理体制のもと保有 |
| 地域自治についての行政情報 | 地域に関わる条例・計画等制度情報<br>自治協との協定、協働指針等 | 情報公開 |

## (3) 意思決定（自治協における合意形成・意思決定）

　自治協の合意形成・意思決定（以下「意思決定」という）については、自治協設置過程に焦点を当てて第5章で論じているので、ここでは設置後の日常的な意思決定について述べる。

　自治協の意思決定の場面は多様であるが、表2のように、「日常的な意思決定」と「団体全体の意思の決定」とに分け、前者は「定常業務における意思決定」と「機関決定を要する意思決定」に整理できる。これによって、それぞれの事案の意思決定主体が明確になり、責任の所在もわかりやすくなる。こうした整理は、事前に規約等に定めておく必要がある。

　自治協のすべての意思決定に共通する基本ルールを表3に示す。意思決定にあたっては、適切な情報共有をするとともに機械的な多数決制をとらず、少数意見への配慮が必要である。

　なお、自治協も含めた各種の地域団体はいずれも地域における住民の総意を法的に代表したり地域内の諸団体を指揮監督する権限はない。自治協は公共的団体であってもあくまで私的団体であるからである。一方、私的団体ゆえの自由度と機動力を持ち、それゆえ社会的な課題に対する早期かつ効果的な対応が可能となる。

表2　住民自治協議会の意思決定の類型

| 類型 | 決定機関等 | | 事案例 |
|---|---|---|---|
| 日常的な意思決定 | 定常業務における意思決定 | 常任運営委員会、事務局、部会 | 年間計画・予算の執行 (事業・イベント等の実施)、施設の管理運営に関する事案、活動部会に関する事案<br>定常的な事務事案、ネットワーク構築・維持等 |
| | 機関決定を要する意思決定 | 総会、運営委員会 | 役員等人事、予算・決算の決定、認定<br>年間事業計画の策定・評価<br>地域まちづくり計画の進捗管理 |
| 団体全体の意思の決定 | 総会、評議員会 | | 規約の改正、組織の大きな変更<br>地域ビジョン・地域まちづくり計画策定、改定<br>大規模事業、負債を伴う事業の承認<br>行政からの諮問事項 (答申、提案等) |

表3　住民自治協議会の意思決定における基本ルール

| 項　目 | 対応の基本ルール |
|---|---|
| 意思決定の方法についての合意形成 | ○事前に合意形成・意思決定の手続、ルールが定められていること<br>○多数決になじまない事案があることを理解し (人権や少数者のみに関わる事案など)、形式的な決定を避けること |
| 事案に関する情報の共有 | ○事案に関するわかりやすい情報が、関係者に共有されていること<br>○全構成員がその情報にアクセスできること |
| 透明性の確保 | ○意思決定の過程 (話し合いがどこまで進んでいるか、誰がいつ決めるか等) が公開されていること |
| 民主的な議論 (熟議) の場の確保 | ○開かれた場での民主的な議論が行われること<br>○全構成員が事案に対して意見を言い、決定に参加できること |
| 構成員の意思の十分な反映 | ○事案の重要度に応じて手法を工夫すること (説明会の開催、住民アンケート等)<br>○少数意見を排除したり抑圧したりすることのないように配慮すること |

出典：豊中市 (2011) 28頁表12をもとに筆者加筆

## (4) 評価 (可能性を探すために)

### ① 「可能性評価」とは何か

　地域づくり活動固有の評価について『なばり まちブック』では「むしろ組織と活動・事業の可能性を探るために行うもの」として、これを「可能性評価」と呼んでいる。これまでの「評価」ではあまりよい判定がされなかった所、「評価」の対象外とされてきた所にも、成長の芽、将来のニーズ等新たに取り組むべきテーマを見出そうということである (可能性の

可視化とも言える）。可視化された「可能性」（もっと別のやり方があった、少しやり方を変えればもっとニーズにかなった活動になった）についてみんなで話し合い、活動・事業の展開（転回）を考えようということである。まだ達成できていないことの中にこそ、将来の「可能性」、「活動の場」があると考えるのである[3]。

### ②「可能性」を浮かび上がらせる評価指標—"問い"と"チェックリスト群"

「可能性」を浮かび上がらせるためには工夫が必要だ。自治協の組織や地域づくり活動に持続可能性の視点から"問い"を発し（指標1）、その問いに答える形で指標としての複数の"チェックリスト群"（指標2）を提示するという二層構造とした（図4）。

この"問い"は、「持続可能な暮らしやすい地域をつくる」を実現するための3つの行動目標（表4）のそれぞれに複数の"問い"を設けている。"問い"は、行動目標を実現するための課題や取り組むべきゴールを問いかける形で表現したものであり、ひとつの行動目標に対して2〜5つ設定している（表5、表6の左側）。"チェックリスト群"は、その"問い"をブレークダウンする複数のチェックリストを示したものである（表6の右側）。これらは、地域づくり組織（自治協）の運営と活動・事業をふりかえり、改善し、将来の可能性を探るためのチェックリストの体系である。これは組織運営や活動・事業の指針ともなる[4]。

こうすることによって、組織運営や地域づくり活動において、基盤として考えておかなければならないこと（不易）と、時代や場所あるいは環境

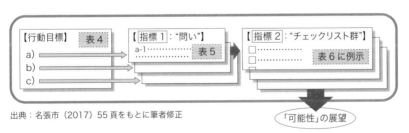

出典：名張市（2017）55頁をもとに筆者修正

図4 「可能性」を浮かび上がらせる"問い"と"チェックリスト群"の二層構造

条件に固有の視点から問いかけを具体化する視点（流行）を提供することが出来る。「可能性」は、このような多角的なチェックリスト群の中から浮かび上がって来ると考えられる[5]。

　この評価指標としての"問い"と"チェックリスト群"を用いて自治協

表4 「持続可能な暮らしやすい地域をつくる」を実現するための行動目標

| a) 自治協の組織・活動・事業の活性化のための行動目標<br>　−無理のない、自律的、持続的な組織運営と活動を進める |
| --- |
| b) 市民の地域自治への関わりの多様化、深化のための行動目標<br>　−日常とつながった、自然で楽しい活動の場・しくみをつくる |
| c) 持続可能な地域づくりのための行動目標<br>　−総合的かつ多様な地域づくりに取り組む |

出典：名張市（2017）55頁をもとに筆者加筆

表5 "問い"の指標

| a) 自治協の組織・活動・事業の活性化のための行動目標（↓指標1 "問い"） | |
| --- | --- |
| a-1【組織の再活性化】<br>○自治協の運営理念を理解・共有（役員、職員、構成員で）していますか<br>○組織運営において、民主性、公開性、参加性は確保されていますか（しくみと実質）<br>○団体どうしの連携・協働、他地域とのつながりは拡がっていますか | a-2【活動・事業の再活性化】<br>○地域の「夢」（＝ビジョン）を描いていますか、適切な時期に更新していますか<br>○活動を継続的に行い得ていますか<br>○住民ニーズ、社会的課題への対応、取組みはできていますか<br>○行政と協働して地域課題解決にあたっていますか |
| b) 市民の地域自治への関わりの多様化、深化のための行動目標（↓指標1 "問い"） | |
| b-1【住民へ】<br>○住民みんなが、楽しんで地域づくり活動に参加していますか（参加が日常とつながっている）<br>○自治協の活動・事業や公民館・市民センターについての情報を発信していますか、住民の声を聞いていますか | b-2【参加】<br>○地域づくりの理念、活動・事業が、住民に周知され、参加が進んでいますか<br>○住民の居場所、交流と活躍の場・機会がありますか<br>○地域づくり活動や生活の質の向上、地域課題の解決や生きがいづくりのための学習の機会を提供していますか |
| c) 持続可能な地域づくりのための行動目標（↓指標1 "問い"） | |
| c-1【地域の持続可能性】<br>○住民や地域、環境の多様性を大切にしていますか<br>○次世代への配慮をしていますか<br>○活動を支えるお金を確保する努力をしていますか<br>○地域の経済的循環を活性化していますか | c-2【地域の潜在力（レジリエンス力）を高める】<br>○地域資源を活用していますか<br>○多様な主体が地域づくり活動に参加していますか<br>○地域課題を発見し、共有するしくみと風土がありますか<br>○住民の課題解決力向上のための生涯学習活動を行っていますか<br>○広域的な交流を行っていますか |

注：「地域づくり組織」を「自治協」に読み替えた
出典：名張市（2017）56〜60頁を筆者整理

表6 "問い"の指標と"チェックリスト群"指標のセット（例）
■a–1）組織の再活性化（表5）参照）

| 指標1（"問い"） | 指標2（"チェックリスト群"） |
|---|---|
| ○組織運営において、民主性、公開性、参加性は確保されていますか（しくみと実質） | □規約に、意思決定の方法、情報公開、構成員誰もが運営に参加できることが規定されている（ルールが明確になっている）<br>□意思決定過程（役員会等）と会計が公開されている<br>□構成員誰もが自治協のサービスを受けることができる<br>□構成員の誰もが、組織運営について意見を言うことができる。また、組織の中心メンバーに手を上げることができる<br>□まちの将来像、将来の生活像を話し合い、共有する場がある<br>□新しい人を積極的に中心メンバーとして受け入れる姿勢を持っている |

出典：名張市（2017）56頁を筆者整理

で話し合い、最終的には組織運営や活動についての「可能性」を浮かび上がらせることにつなげていくことを期待したい。

　行動目標（a〜c）ごとに「"問い"」一式を 指標1 として表5に、「"問い"と"チェックリスト群"のセット」例を 指標2 として表6に示す。

## 5 財源

　総務省（2021）によれば、地域運営組織の主な財源は「行政からの補助金等」約85％、「構成員からの会費」約37％、「収益事業からの収益」約24％、「指定管理料」約15％等であり（重複回答の計）、自治協もほぼ同様だろう。

　自治協に対する補助金や交付金（以下「交付金等」という）等の制度設計にあたっての基本的考え方として、自治協が公共的性格を持っており、「一の地域に一の団体」という要件からも当該地域の住民を一定代表しているとみなせることから、その公共的・公益的活動に対する財政的支援を行うことができ、その使途は自治協内で民主的に定めることができる。交付金等は、使途が限定されている個別補助金に比べ使途が比較的自由となり、活動・事業だけでなく、事務局経費等の組織運営費用に充てることもでき、自治協の自主性は高まる。もちろん、交付金等の原資は税金であるので、使途は公開され、説明責任を求められる。

交付金等の算定方式は地域によるが、名張市（2021）のように全地域
同額の均等割に加えて地域の人口、地勢（山間部等）等を加味したり、地
域活動費、事務局経費を上乗せしたりしている場合がある。また、別途地
区の集会施設等の指定管理を受けると、指定管理料が加わる。

　交付金等の使途は、地域まちづくり計画、年次事業計画に沿うべきであ
り、予算編成は民主的かつ開かれた場（総会等）で決定する必要がある。
会館建設等に充てるために基金等へ積み立ても可能とすることもある。

## 6 地域カルテと地域まちづくり計画

### （1）地域カルテの作成と活用

#### ①地域カルテとは

　地域カルテとは、一定のエリア単位で当該地域に関するさまざまな情報
（統計データ、地域特性等。詳細は表7参照）を体系的に整理したもので
ある。これにより、データに基づいた地域課題の分析を行うことができ、
地域まちづくり計画の策定にあたっては基礎資料として議論の土俵を提供
する、いわば地域のデータベースである。行政にとっても、地域分析や各
種地域別計画策定の基礎資料となる。

　地域カルテは自治協のエリアごとに作成するが、自治体全体でも作成し、
自治体全体の傾向を把握することも大切である。

#### ②地域カルテの作成（データ構成）

　地域カルテは、統計データや行政情報等を盛り込むことが多いので、専
門家のアドバイスを受けながら地域と行政の協働で作成することが望まし
い。作成は基礎的な統計情報を収集・整理するところから始める。この時
に、国勢調査の「小地域統計」（概ね町丁目の統計データ）を用いると、
小学校区より小さな範域における状況も把握することができる。また、住
民アンケートやタウンウォッチング、ワークショップ、古老等へのヒアリ
ング等を組み合わせて定性的な情報を加味することで地域の姿を時間軸×
空間軸により立体的に浮かび上がらせることができる。さらに作成の過程

で、多様な属性の人（新旧住民、障がい者、外国人等）や機関（行政、学校、産業界等）を巻き込むこともデータの幅を広げる上で有効である。

地図情報に関しては、GIS を利用した地図作成ソフトがあり、それを利用するのがよいだろう。総務省統計局が開発し独立行政法人統計センターが運用している「jSTAT MAP」は無料で使える統計地図作成ソフトであり、国（総務省）の統計データベースである「e-Stat」と連動し、グラフの作成や地図の色分け等の多様な機能を使うことができるだけでなく、利用者が作成したデータも使用・保存できるため、地域カルテに活用しやすい。

地域カルテの情報は、一定の期間ごとに更新作業が必要であり、できれば地域（自治協等）でハンドリングできることが望ましい。このため、使

表7　地域カルテのデータ構成例（名張市2015）

| 大項目 | 中項目 | 小項目 |
|---|---|---|
| A地域概況 | 1.人口・世帯 | 人口（含小地域）・世帯数の推移、年齢別人口・高齢化率の推移、将来人口、世帯あたり人員、世帯属性・高齢者単独世帯率 |
| | 2.地勢・特性 | 地域概況（地域特性、面積、人口、世帯数、高齢化率、人口密度）マップ、小地域別年少人口・高齢人口比率マップ、土地利用 |
| | 3.地域の資源 | 地域資源点検マップ、地域資源の人・まち・生活での活用 |
| B居住環境づくり | 4.居住環境 | 小地域別住宅所有形態、住宅の建方、都市公園面積、都市計画道路・用途地域、コミュニティバスの状況、居住環境への満足度 |
| | 5.公共施設 | 支所、集会施設、医療・保健、公園、図書館、保育所、学校園、鉄道、主要道路等 |
| | 6.公益施設 | 銀行、郵便局、バス停、避難所、地域エネルギー施設、GS、道の駅等 |
| Cひとづくり | 7.子育て・子育ち | 小学校児童数、中学校生徒数、幼稚園・保育所（子ども園）幼児数、放課後児童クラブ利用児童数の推移 |
| | 8.生涯学習 | 市民センター利用者数・利用件数、市民センター開設学級・講座一覧、文化芸術施設 |
| | 9.地域自治 | 区・自治会加入数（率）、NPO活動の状況、地域づくり組織等を核とした活動の状況 |
| D安心安全づくり | 10.防災・防犯 | 犯罪発生件数、交通事故件数、警察署・交番、防犯訓練講習会、防災・防犯意識、防災訓練回数、消防団数、ハザードマップ（急傾斜崩壊、浸水） |
| | 11.健康・福祉・医療 | 要介護（支援）認定者数、医療・福祉施設の状況、がん検診受診率の推移、民生・児童委員の状況、健康イベントの頻度 |
| E活気活力づくり | 12.産業 | 産業大分類別事業所数・従業者数 |
| | 13.観光・歴史資源 | 観光入込客数、文化財の状況 |

出典：名張市地域カルテをもとに筆者整理

い方や更新時のデータ入力法を学ぶ研修が必要である。また、地域カルテは原則として地域住民に公開すべきであるし、現に多くの自治体ではホームページで公開している。可能なら、オープンデータとして広く官民に活用を薦めるとよい。

地域カルテに収録する情報（データ）の一例として名張市の地域カルテ（2015 年度作成）のデータ構成を示す（表7）。

## (2) 地域まちづくり計画

住民どうしで話しあったり地域カルテを作成したりする中で、地域づくりの方向や地域の将来の姿（地域ビジョン）が浮かび上がってくる。その

表8　地域まちづくり計画策定の流れ

| ステージ | 内容 |
|---|---|
| 1 | 地域まちづくり計画策定主体を立ち上げる<br>＊住民主体（特に、若者、女性の参加）の「計画策定委員会」をつくる<br>＊自治協としてきちんと位置づける（合意形成・意思決定） |
| 2 | 地域を見直す<br>＊地域の現状、課題及び地域資源を調べる（地元学／タウンウォッチング等）<br>＊小さいけれど大切な問題にも目を向け、専門家、外部の人の声を聞く |
| 3 | 地域の「将来像＝地域ビジョン」を考える<br>＊将来、どんな暮らしをしたいのか、どんな地域にしたいのかを考える<br>＊地域内のみんなの声を反映する<br>＊わかりやすい「キャッチフレーズ」をつくる |
| 4 | 地域のまちづくりの「基本方向」を決める<br>＊地域ビジョンを実現するためのまちづくりの基本方向を考える<br>＊重点的に取り組む課題を抽出し、優先順位を考える |
| 5 | 具体的に何をするか（活動・事業）を考える<br>＊各分野別の取り組み（ハード、ソフト）の計画をつくる（含資金の見通し）<br>＊オープンな場で議論し、住民の合意をとる |
| 6 | 誰が、いつまでにやるかをチェックする<br>＊計画実行の役割分担と実施のスケジュール（短期〜長期）を決める<br>　（地域／自治協／住民でやること−協働でやること−行政がやることなど） |
| 7 | 《地域まちづくり計画》をかたちにする<br>＊《地域まちづくり計画》を、わかりやすいかたちにまとめる<br>＊みんなで承認し、周知する（概要版の全戸配布など） |
| 8 | 《地域まちづくり計画》を実行する<br>＊それぞれの役割分担は多くの住民の参加により責任を持って実施する<br>＊予算、人材等を考え事業を経営する |
| 9 | 実施状況をチェック（評価）する<br>＊第三者を交えてチェック（評価）し、次の事業（計画）に生かす |

出典：『なばり まちブック』43 〜 44 頁の図をもとに筆者が簡略化

イメージを実現させるための中長期にわたる具体的行動計画やハード構想を形にして、住民どうし共有したものが「地域まちづくり計画」である。自治協には必須であり、自治協の活動・事業は原則的にこの計画を指針として進められる。策定の流れを表8に示した。

　策定の際には、幅広く住民が参加する「地域まちづくり計画策定委員会」を設置したり、住民アンケートを実施するなどして、地域住民のニーズ・意向を反映する必要がある。重要なのは、誰が（役割分担）、どのような資源（資金、人、情報など）を使って、いつまでにやるか（実施スケジュール）を明確にすることで（表8の6）、これによって実現性が担保される。


注
1) 金川ら編著（2021）により1741市町村へ配布し939件の回答を得た調査によれば（2020年実施）、地域自治組織の設置根拠として「条例」35%、「要綱」「規則」37%、「総合計画での位置付け」20%等である（219頁）。
2) 総務省（2016）によれば、地域運営組織を、「協議機能と実行機能を同一の組織が合わせ持つもの（一体型）と、協議機能と実行機能を切り離し、いずれかの機能を有する組織となっているもの（分離型）がある」としている（3〜4頁）。
3) この項は、名張市（2017）に多くを負っている（24〜26頁、50〜62頁）。
4) 名張市（2017）では、可能性を探る評価指標として、(A) 地域力を高めるための9箇条（指標と解説）、(B) 持続可能な地域づくり組織運営と活動・事業を考えるための（"問い"と"チェックリスト群"）の2つをあげているが、本書では紙面の関係で(B)について紹介する。同第5章では、"問い"指標25個、"チェックリスト"指標128個を掲載している。
5) 文中の「不易」と「流行」は、注4）の(A)「9箇条」の第2項「まちの"不易"と"流行"を大切にしよう」に依っている。

参考文献
・金川幸司・後房雄・森裕亮・洪性旭編著（2021）『協働と参加−コミュニティづくりのしくみと実践』（晃陽書房）
・総務省（2016）「地域の課題解決を目指す地域運営組織−その量的拡大と質的向上に向けて−最終報告」地域の課題解決のための地域運営組織に関する有識者会議
・総務省（2021）「令和2年度地域運営組織の形成及び持続可能な運営に関する調査研究事業報告書」総務省地域力創造グループ地域振興室
・豊中市(2011)『地域自治のシステム−豊中スタイルの検討　地域自治システム調査検討報告書』
・名張市（2017）『持続可能な地域づくりのための なばりまちブック』
・名張市（2021）「ゆめづくり地域予算制度（令和3年度版）」
・山形県（2017）『地域運営組織形成のための手順書−活力ある地域づくりのために』

# 第5章 合意形成と住民自治協議会設置過程のデザイン

三浦哲司

## ■1 住民自治協議会設置とコミュニティ政策

　本章では、住民自治協議会（以下「自治協」という）の設置過程に焦点を当て、設置をめぐる合意形成と意思決定、さらには運営を軌道に乗せるまでの初期段階の対応について扱っていく。一連の検討をとおして、自治協を設置し、運営する際の論点や要点を明らかにしたい。

　そもそも、本書の主眼である地域コミュニティ政策に関しては、大きくは「コミュニティ活性化政策」と「コミュニティ形成政策」に区分することができる[1]。このうち、前者は既存の地域コミュニティの活動について、その規模を拡大させたり、新たな内容に取り組みはじめたりする際に実施される。こうした「コミュニティ活性化政策」は、これまでの主な内容は補助金の配分による金銭的支援が中心であった。もっとも、近年では地域担当職員制度も普及し、さらには京都市のまちづくりアドバイザー、名古屋市のコミュニティサポーターのような人的支援の内容も広がりつつある[2]。

　他方、後者の「コミュニティ形成政策」は、当該地域において、新たに何らかの地域コミュニティを立ち上げる際に実施される内容である。そのため、本書が対象とする自治協を設立する場合には、コミュニティ形成政策として、主には自治体行政による対応が行なわれることになる。本章で取り上げる自治協の設置過程に関しては、こうしたコミュニティ形成政策のあり方が問われよう。

　わが国では、コミュニティ活性化政策に関するさまざまな研究は看取され、また地域コミュニティの現場においても豊富な実例がみられる。他方、コミュニティ形成政策に関しては、この20年のあいだに、自治協の設置の動向があるものの、必ずしも学術研究の成果が多いとはいえない。そこ

で、以下ではまず、自治協の一般的な設置過程や地域との調整について確認する。続いて、自治協の設置にむけた合意形成を図り、最終的な意思決定にいたるまでのステージや論点を整理する。そのうえで、自治協設置後の初期段階における運営の要点を示し、自治協のこれからを展望したい。

## 2 住民自治協議会設置の過程

### (1) 自治協設置にむけた検討の過程

　自治協は、どのような経過をたどったうえで、設置が進むのか。公共政策学における一般的な政策過程は、「課題設定」「政策立案」「政策決定」「政策実施」「政策評価」の5段階から構成される。このうち、自治会・町内会等の例に代表される、担い手の不足や高齢化といった地域社会の困難な状況をふまえ、「何とか解消しなければならない」と課題設定する主体は誰だろうか。これには多くの場合が考えられるゆえに、一様ではない。ただ、自治体の首長や現場の職員はもちろん、地域自治の問題に関心が高い議員、さらには地域住民の側からの求めに応じて課題設定がなされる場合もあろう。

　あるいは、第1章でも触れているが、平成の大合併の時期にいわゆる地域自治組織の設置が進んだように、市町村合併などの外的要因によって上記主体の意識が高まり、課題設定が進む場合もあるだろう。いずれにしろ、当該地域において、何らかの問題状況があり、それを解消するねらいから、いずれかの主体が検討を開始して課題設定を促すことになる。同時に、その前提として、自治協は設置それ自体が目的ではなく、あくまでも何らかの目的を実現させるための手段である点には、常に留意を要する。

　続く政策立案の過程では、自治体行政の側がまずは庁内で制度設計の検討を進めていく。その後、ある程度の方向性がみえてきた段階では、学識者などからの意見も参考にしながら、制度の大枠を固めていく。場合によっては、方向性の大枠が定まった段階において、議会や自治会・町内会等をはじめとする関係各所とも、水面下で調整・意見交換することもあろう。

もっとも、議会や自治会・町内会等に対して話をもちかける内容、あるいはそのタイミングを見誤ると、さまざまな反発が起きかねない。具体的には、議会からは「自治協が地域の意思決定を担うとなれば、議会制民主主義の否定につながるのではないか」といった意見が出される場合も、実際に見受けられた。また、自治会・町内会等からも「これまで地域活動の中心的役割を担ってきたのは自治会・町内会等なのであって、新たに自治協を設置するとなれば、われわれの活動を否定しているのか」などの声が聞かれうる。

ともあれ、こうした庁内外の利害関係者との調整を経たうえで、正式に制度としての自治協が政策決定されることになる。上記のとおり、制度設計の形態は自治体ごとに一様ではなく、地域事情による。また、制度そのものの根拠規定は、条例や規則の場合もあれば、規程や要綱の場合もある。その後、自治協設置が既定路線となり、地域に対して設置を持ちかけられるほどの準備が整ったタイミングでは、いよいよ地域との本格的な調整の過程に入ることになる。上記の政策過程の5段階でいうと、「政策実施」のうちの最初のステップに相当する。続いて、この時期に焦点を当て、自治協の設置について、さらに詳しくみていくことにしよう。


## (2) 自治協設置にむけた地域との調整

自治協とは、あくまでも地域活動や地域運営を促すためのひとつの手段であり、主たる担い手は地域の住民自身となる。そのため、住民自身の主体性の有無が、その後の運営のあり方に大きく影響するのはいうまでもない。他方で、上記でみてきた過程を経て制度設計された自治協を、自治体行政の側が前のめりになって、ついつい設置を推し進めてしまうケースも散見される[3]。住民のあいだに制度そのものが浸透せず、かつ自治協の必要性に対する理解が不足している状況で設置を進めたとしても、多くの場合には形骸化してしまうだろう。そうであるならば、設置にむけた地域との調整は、その後の自治協活動の成否を大きく分ける重要な段階として位

置づけることができよう。

　さて、自治協設置にむけた地域との調整は、おおよそ以下の流れをたどることになる。すなわち、「住民説明会の開催」「準備会の設置と検討」「設立総会の開催と活動開始」である。このうち、住民説明会に関しては、自治協を設置する範域ごとに開催され、参加対象者は多くの場合に自治会・町内会等の役員など既存の地縁組織の関係者となる。もちろん、１回のみの開催とは限らず、説明会を複数回にわたって開催する場合も少なくない。そのなかで、制度概要を示し、地域からの疑問に返答し、その場で返答できない内容は庁内で検討したうえで回答するなどが繰り返されていく。その前提として、自治体行政の側は、住民からのさまざまな質問に備えて、あらかじめＱ＆Ａを用意しておくことになる。

　こうして行政と住民とのあいだで質疑応答、意見交換が行なわれ、地域の側で自治協への理解が進み、設置の必要性が認められたと判断できた段階では、設置にむけた準備会を設置し、必要事項が検討されていく。具体的には、自治協の設置目的や活動意義を何に求めるか、自治協のメンバーとして誰の参加を求めるのか、役員は誰が何年にわたって担当するのか、どのような活動を担うのか、事務局体制をどう整備するのか、運営や活動のために必要な規則をどのように定めていくのか、などの内容があげられる。このようにみると、準備会での検討内容は多岐にわたり、準備段階で相当なエネルギーが必要になることがうかがえる。換言するならば、地域の側には自治協を設置し、運営していくうえでの相当な覚悟が問われるのである。

　準備会で検討が進み、方向性が確認できたのちには、いよいよ自治協の設立総会を開催し、活動開始となる。一般的には、コミュニティセンターのような施設で設立総会を開き、関係者のあいだで規約案・事業案・予算案などの承認を行い、正式な自治協発足の手続きを踏む場合が多い。もちろん、ここまでの自治協設置がゴールではなく、むしろ設置はスタートにすぎない。さまざまな困難に直面するのは、設置後の活動段階においてで

あるのはいうまでもない。

　本章ではここまで、自治協の設置にむけた一連の検討過程や地域との調整についてみてきた。こうした内容をふまえ、続いて自治協を設置するうえでのさまざまな合意形成のあり方、および論点について整理していきたい。

## 3 設置過程における合意形成と論点

### （1）地域自治と合意形成

　自治協の設置や運営に限らず、自治体運営やまちづくり活動においても、さまざまな局面で合意形成が必要になってくる。たとえば、筆者も実際にある自治体において、公共施設の統廃合のあり方を検討する審議会において、「総論賛成、各論反対」という住民意見をしばしばみてきた。住民の立場からすると、人口減少時代において公共施設の再編の必要性は理解でき、統廃合も進めざるをえない点はわからなくもない。しかし、自分が日ごろから利用している施設が統廃合の対象となった途端に、反対運動に身を投じることになる。すなわち、住民という存在は、必ずしも一枚岩ではないのである。こうなると、公共施設の統廃合をめぐって合意形成を進めていくのは、極めて困難となってしまう。

　利害関係者にとって公共施設の統廃合は「既存の施設が無くなる」という内容である。これとは反対に、いわゆる迷惑施設の建設においては、周辺住民からしばしば反対の声が上がり、それが住民運動に発展する場合も看取される。具体的にいうと、従来はごみ焼却施設や火葬場の建設などにおいて、しばしば住民運動が起こってきた。これに加え、近年では保育施設の建設などでも住民運動が生じる場面も増えてきており、こうした場合には利害関係者にとって「迷惑施設が近隣に建設される」という内容となることがわかる。

　さらに事態を悪化させるのは、住民のあいだで利害が一致せず、利害関係者同士の対立が先鋭化する場合である。上記のような公共施設の統廃合や迷惑施設の建設に関しては、おおよそ住民対行政という関係における利

害対立の構図になる。しかし、ときには住民同士の利害が一致せず、住民のあいだに利害対立が発生することもある。たとえば、渋滞緩和という周辺住民からの求めに応じ、自治体行政として道路建設を進めようとしたところ、別の周辺住民から環境悪化の声が上がって工事を中断し、住民のあいだで道路建設の賛成派と反対派に分断された例などは、後を絶たない。

　このようにみると、利害関係者のさまざまな思いが錯綜するなかで、合意形成を進めるのは決して容易ではなく、全員が納得できないかたちで妥協せざるをえない場合も多々みられる。同時に、ときには何十年にもわたって同様の利害対立が続き、いつまでたっても合意形成にいたらない例も少なくない。こうした事情から、合意形成には学術的関心も集まり、さまざまな学問分野からの研究が進みつつある[4]。

## (2) 合意形成のステージと主体

　さて、自治協についてみると、その設置をめぐっては、さまざまな合意形成のステージが存在する。同時に、そこには多種多様な利害関係者が関わりをもつことになる。以下では、各ステージの内容、およびそこでの利害関係者について把握していこう。

　自治協設置に関連する合意形成のステージは、大きくはふたつに区分される。すなわち、設置を「検討するか否か」を判断する「準備会の設置判断」、および最終的に「設置するか否か」を決める「自治協の設置判断」、の2ステージである。このうち、「準備会の設置判断」のステージでは、自治会・町内会等をはじめとする地縁組織の関係者に対して、自治体行政の担当者は庁内で検討している地域自治システムの構想を伝え、当該地域において自治協設置の可能性があるか否かの相談を持ち掛ける[5]。そこで設置の可能性があるという感触がつかめた場合には、担当者は続いて設置にむけた準備会の発足を促していくことになる。このときには、どの範囲の利害関係者にまで、準備会への参加を呼びかけるかが問われる。

　ここで、地縁組織の関係者に対してまず相談がいくのは、やはり彼らが

日ごろから地域社会において多岐にわたる活動を展開しており、既存の地縁組織を抜きにしては自治協の設置と活動は現実的ではないという判断に由来しよう[6]。実際に、地縁組織の関係者がまったく参加しないという自治協は、ほとんど存在していない。このようにみると、地縁組織を自治協のなかでどう位置づけるかは別にして、既存の地縁組織の参加が起点となる。換言するならば、地縁組織の関係者を抜きにして自治協を設置するとなれば、相互の関係整理は容易でなく、新たに設置される自治協に対して、地縁組織の関係者から反発の声も生じるだろう。

　続いて、「自治協の設置判断」のステージでは、準備会というアリーナにおいて、最終的に設置するか否かが検討される。もちろん、準備会の発足時点では、設置が前提であっても、検討の推移のなかで設置を見送るという判断が出る場合もあろう。反対に、準備会発足の時点から一貫して設置に前向きである場合には、スムーズに検討が進んで、各種の調整項目の確認作業がなされていく。その内容は、既にみたとおり、設置目的や活動意義を何に求めるか、自治協のメンバーとして誰の参加を求めるのか、役員は誰が何年にわたって担当するのか、どのような活動を担うのか、事務局体制をどう整備するのか、運営や活動のために必要な規則をどのように定めていくのか、などが中心となる。

　以上を整理すると、自治協の設置にむけた合意形成にあたっては、「準備会の設置判断」および「自治協の設置判断」というふたつのステージが存在し、そこに関わるのは主として自治会・町内会等といった地縁組織の関係者となる。もちろん、準備会の段階からNPO法人やボランティア団体の関係者など、地縁組織の関係者以外の主体に参加の呼びかけがある場合も、まったくないわけではない。ただ、今里佳奈子が指摘するように[7]、双方には原理的なちがいもあり、限られた時間のなかで相互理解を図るのは容易でない。むしろ、お互いにどのような関係を構築していくかについては、設置過程の論点にもなる。こうした点も含めて、続いて一連の設置過程での合意形成をめぐって、何が論点になるのかをみていこう。

## (3) 設置過程の論点

　自治協の設置過程での合意形成をめぐる論点には、「どのような活動を担うのか」「そのためには部会制を導入するのか」など、いくつもの内容がある。これらのなかでも、ここでは紙幅の都合から、主要な2つの論点について検討しておきたい。

### ①設置を進める範囲と時期

　第一は、当該自治体の全域において同時期に自治協を設置するのか、それとも設置を希望する一部の地域のみで順次設置するのか、である。この内容は自治協の導入過程に関わるものであり、また自治体行政の内部において設置を検討する際の論点となる。過去には全域で同時期に一律設置するケースとして、たとえば地方自治法に基づく地域自治区制度の例があった。もっとも、「使い勝手が悪い」[8]という指摘もみられるように、全域で同時期に一律設置するとなれば、実際に設置し運営する立場にある地域の側には、何ら選択の余地はなくなってしまう。場合によっては、必ずしも設置を望まない、必要性を認識していないにもかかわらず、自治体行政の都合・事情、さらには前のめりの姿勢から、設置が進んでしまう場合もある。こうなると、設置後の自治協は、開店休業状態に陥り、早晩に形骸化してしまうだろう。このようにみると、いずれのかたちで対応するかしだいで、自治協を設置・運営していく地域の側に選択の余地が発生するか否かも決まってくることがわかる。そのため、自治体行政の内部では、地域事情に応じた慎重かつ中長期的な視点からの検討・判断が求められる。

　ちなみに、こうした検討・判断の材料を得るために、本格的な運用の前段階において、自治協をモデル設置する場合もみられる（第6章 **2**「(1) 豊中市の取組み」参照）。すなわち、ある特定の地域を対象にモデル地区と位置づけ、1年ないし2年程度の期間を設けて、自治協運営を試行するかたちである。こうすることで、協議会の設置や運営をめぐって、自治体行政としていかなる対応や支援が必要になるかがみえてくる。もちろん、モデル実施したのちに、その成果と課題をふまえて、当該自治体の全域で

設置を進める場合もあれば、全域での設置を見送って事業そのものを中止にする場合もある。たとえば、大阪市の場合には、自治協を一部の小学校区でモデル設置したのちに、市内全域での設置を進めていった[9]。一方で、名古屋市の場合には、地域委員会を一部の小学校区でモデル実施したものの、その後の検証作業を経て、最終的には市内全域での設置を見送る判断をしている。

### ②自治協参加メンバーの範疇

　続いて、第二の論点は、自治協のメンバーとして参加するのはどの範疇の利害関係者か、である。いうまでもなく、どのような利害関係者が参加するかによって、自治協そのものの性格は大きく変わってくる。もっとも、実際には上記のとおり、すでに地域社会のさまざまな局面で、多くの役割を担っている地縁組織の関係者を抜きには、自治協メンバーを構成するのは難しいだろう。とりわけ、自治会・町内会等の役員は、多くの場合に参加が期待されることになるし、既にみたように自治体行政の側もまず話を持ちかけるのは彼らに対してである。

　もっとも、既存の自治会・町内会等は現在、若い世代や単身世帯を中心に加入率の低下が進み、結果として役員の高齢化や担い手不足が進行して活動そのものの固定化に陥り、極めて困難な状況に直面している現実がある。こうしたなかで、自治協を設置して自治会・町内会等の関係者に参加を呼びかけるとなれば、さらなる負担増となりかねず、参加への納得は得られない。したがって、自治体行政の側としては、彼らに対する丁寧な説明が求められるし、彼ら自身による必要性の理解がなければ、自治協設置の検討も容易に進まないだろう。

　それでは、地縁組織の関係者以外では、どのような利害関係者が自治協に参加することになるのだろうか。ここがまさに論点となり、合意形成を図るうえでの障壁ともなる。もちろん、自治会・町内会等の役員以外にも、地縁組織の関係者としては、地域によって名称は異なるものの、保健環境委員、福祉推進委員、スポーツ推進委員などが想定される。また、消防団、

子ども会、PTA などの関係者も、主な参加者として期待される。

むしろ、しばしば議論になるのは、「当該地域で活動している NPO 法人のような存在に参加を呼びかけるのか」「自治協活動に興味・関心を抱く個人などにも、公募委員として参加を募るのか」といった点である。このうち、前者に関しては、上記のとおり地縁組織と NPO 法人との間には、活動範囲のちがい、活動領域のちがい、行政との関わり方のちがいなどがあり、相互に連携関係を構築するのは決して容易でない。かといって、地縁組織の関係者のみで自治協活動を展開するとなれば、自ずと担い手不足が顕在化し、また既存の地縁組織との差別化が図られずに、自治協としての独自性の発揮も難しくなってしまう。

後者に関しては、自治協そのものの制度設計とも関わってくるが、現実には見ず知らずの公募委員の参加を受け入れられるかというと、どうしても彼らの言動や行動が地域としての調和を乱す可能性を恐れて、容易に検討が進まない場合が多い。他方で、純粋に地域貢献という思いで公募に応じた場合、多くの委員にはない発想や視点を提供して、自治協活動を前進させる可能性も有している。

こうした多様な視点もあり、実際の現場で合意形成を進める際には、いくつもの困難に直面する場合もある。いずれにしても、どのような利害関係者に参加を呼びかけるのか、どのような属性の者の参加を受け入れるのかなどは、最終的には地域事情による。ただ、既存の地縁組織とは異なるかたちで、新たに自治協を設置するとなれば、そこでは多様性や異質性を可能な限り許容できるような、時代の変化に即したオープンな性格づけが期待されよう。

## 4 設置後の運営

それでは、ここまでみてきた論点に向き合い、関係者のあいだで合意形成を図ったうえで自治協を設置したのちには、いかなる運営が必要になるのだろうか。ここでは、とりわけ設置直後という当面のステージに焦点を

当て、いくつかの要点を確認しておきたい。

　いうまでもなく、自治協を設置した直後においては、まずは体制を整え、活動を軌道に乗せていく必要がある。同時に、当該地域の内部でも、自治協の設置を浸透させていくことも求められる。そうであるならば、設置するまでの過程と同様に、設置後においても、さまざまな苦労と困難が生じることになろう。むしろ、自治協を設置してからの方が、いくつもの障壁に向き合わざるをえない現実がある。

　設置直後のステージから、すぐに自治協が自主的、主体的にあらゆる活動を展開できるかというと、多くの場合はそうならない。そのため、当面のところはさまざまな支援が要請される。具体的には、実際には設立準備会の段階から必要になろうが、中間支援組織による各種サポートが考えられよう。活動を軌道に乗せるうえで重要になるのは、事務局機能の充実である。そこでは、連絡調整、会議の進行、資料の作成と整理、会計の処理、活動の企画と運営などの場面で、滞りなく対応していくのはいうまでもない。しかし、自治協の事務局としては、通常は初めてのことばかりであり、事あるごとにどう対応するのかの試行錯誤が繰り返される。こうした局面で、常にサポートが得られたり、相談できたりする中間支援組織が存在するか否かは、活動を軌道に乗せていくにあたって、その後を大きく左右するだろう。

　また、自治協を当該地域の内部において浸透させていくためには、いかにして日ごろの活動を発信して、存在そのものを周知していくかが問われる。そのため、効果的な情報発信もまた、必要になってくる。このときに重要となるのは、何の目的で、誰に対して、どのように情報を届けるのか、という点である。多くの場合に「協議会だより」のような広報誌を発行し、ホームページに掲載するなどのかたちで、情報発信に取り組んでいる。

　もっとも、ホームページに広報誌を掲載しただけで、それを果たして当該地域の住民が閲覧するか否かは、また別の問題である。わざわざ自治協のホームページにアクセスし、広報誌を閲覧するのは、おそらくすでに活

動に熱心に携わっている層であろう。そこで、より広く当該地域の住民に
自治協の存在を浸透させ、活動について知ってもらうためには、単に活動
を「伝える」だけではなく、「伝わる」しかけが求められる。したがって、
対象者を「高齢世帯」「子育て世帯」「単身世帯」などセグメント化し、彼
らにあった手段での発信方法を検討する必要がある。もちろん、情報発信
に費やすことができる時間と人員と費用も無限ではないので、そうした事
情との兼ね合いが必要になってこよう。

## 5 住民自治協議会の展望

　周知のとおり、わが国では大半の自治体において人口減少が本格化し、
今後も少子化・高齢化は歯止めがかかっていない。こうしたなかで、地域
社会を取り巻く状況も大きく変わり、さまざまな困難を解決できるひとつ
の可能性として、自治協への期待は高まる一方である。とはいうものの、
本章でもみてきたように、自治協の設置と運営をめぐっては、数々の困難
があるのも、また事実といえる。そうであるならば、あらかじめ理想と現
実に対して真摯に向き合い、常に自治協そのものの目的を見失わない姿勢
が問われることになる。本章でも繰り返し述べてきたように、自治協の設
置それ自体が目的なのではない。自治協は何らかの目的を達成するための、
ひとつの手段という位置づけになる。自治協の設置や事業の実施自体をい
つの間にか目的化してしまわないように、常に「自治協の目的は何か」と
いう点には、自覚的である姿勢が求められる。

　あわせて、「自治協の独自性は何か」もまた、問われ続ける必要があろう。
設置をめぐっては、しばしば「すでに自治会・町内会等の連合組織がある
のだから、屋上屋となるだけにすぎないのではないか」との声が聞かれる。
たしかに、既存の地縁組織と類似した機能・役割の発揮にとどまるのであ
れば、あえて自治協を設置する必要性は薄らいでしまうし、地域の側にと
っては混乱や錯綜の原因になりかねない。そうであるならば、「多くの地
域住民が求めており、かつ既存の地縁組織には提供できない、自治協なら

ではの価値とは何か」の模索が不可欠となる。

　幸い、地域のなかを見渡してみると、これまで企業のマーケティング分野で活躍した人材が、定年を迎えて「人財」として潜在している場合もある。マーケティング分野でなくても、企業で企画や経理や人事に携わった人材もいるだろう。もちろん、企業時代の肩書を地域活動に持ち込む姿勢は戒める必要がある。ただ、彼らのような「人財」が自治協に参加し、活動の一翼を担うようになれば、自治協活動の新展開も期待できるのではないだろうか。


注
1) コミュニティ形成政策の視点に関しては、黒石（2016）18 頁参照。
2) 三浦（2020）273 ～ 274 頁参照。
3) 三浦（2021）146 ～ 150 頁参照。
4) たとえば、金井編（2019）があげられる。
5) 沼尾、花立（2019）156 頁参照。
6) 金川（2021）7 頁参照。
7) 今里（2003）169 ～ 170 頁参照。
8) 総務省ホームページ「第 29 次地方制度調査会第 24 回専門小委員会」より。2021 年 11 月 29 日閲覧。https://www.soumu.go.jp/main_sosiki/singi/chihou_seido/singi/12813_1.html
9) 三浦（2021）147 ～ 149 頁参照。

参考文献
・今里佳奈子（2003）「地域社会のメンバー」森田朗、大西隆、植田和弘、神野直彦、苅谷剛彦、大沢真理編『分権と自治のデザイン–ガバナンスの公共空間』有斐閣。
・大杉覚（2021）『コミュニティ自治の未来図–共創に向けた地域人財づくりへ』ぎょうせい。
・金井利之編（2019）『縮減社会の合意形成–人口減少時代の空間制御と自治』第一法規。
・金川幸司（2021）「日本の地域社会を取り巻く状況と地域自治組織」金川幸司、後房雄、森裕亮、洪性旭編『協働と参加–コミュニティづくりのしくみと実践』晃洋書房。
・黒石啓太（2016）「日本における中央政府によるコミュニティ政策の展開と課題–政策類型と今後の展望」『政治学研究論集』第 45 号。
・沼尾史久、花立勝広（2019）「『都市内分権』の論理（1）–いかに委嘱制度は廃止されたか」『信州大学経法論集』第 6 号。
・日高昭夫（2018）『基礎的自治体と町内会自治会–「行政協力制度」の歴史・現状・行方』春風社。
・三浦哲司（2020）「都市のコミュニティ政策」伊藤恭彦、小林直三、三浦哲司編『転換期・名古屋の都市公共政策』ミネルヴァ書房。
・三浦哲司（2021）『自治体内分権と協議会–革新自治体・平成の大合併・コミュニティガバナンス』東信堂。

# 第**6**章 行政・中間支援組織の支援と役割

田中逸郎　馬袋真紀　相川康子

　本章では、地域自治システム構築にかかる支援の実践活動を俯瞰し、支援の種類や方法、課題等を整理する。第1節では行政・中間支援組織による支援全般について述べ、第2節において行政支援の事例（大阪府豊中市、兵庫県朝来市）を紹介し、第3節では中間支援組織ならではの支援の特質や役割についてまとめている。

　これらをとおして、今後の行政や中間支援組織の役割について考えていきたい。

## ■1 行政や中間支援組織による支援の意義と方策

### （1）支援の意義と領域
#### ①支援のめざすこと〜全体の見取り図〜
　2005年に国民生活審議会がまとめた『コミュニティ再興と市民活動の展開』報告書では、「コミュニティが対処すべき課題が増加してきた」とし、「コミュニティ再興の形としては、新しい形のコミュニティの創造、旧来のコミュニティの再活性化、新旧コミュニティの融合というさまざまな方向性が考えられる」としている[1]。しかしながら、これらコミュニティが対処すべきとする諸課題の多くは、たとえば高齢者の孤独死や若者の引きこもりの増加がそうであるように、家族やコミュニティの力だけに頼ることもできないし、行政による公共サービスだけで解決できるものではない。既存の公共サービスや地域の相互扶助だけでは解決できない課題が顕在化しており、「自助・互助・共助・公助」が組み合わさった取組みが必要である。

　地域社会を取り巻くこうした状況から、「新しい地域自治システム」の構築が課題として、また目標として浮上してきたのではないか。単に地域

活動の担い手不足への対策が求められているのではない。したがって、そのための支援とは、住民自治協議会（自治体によって種々の名称があるが、以下「自治協」という）をつくる、それを行政や中間組織が支援するという、いわば単線ともいうべき取り組みだけではなく、目標は、住民自治の充実、団体自治の改革、そして両者が参画・協働するという複々線のプラットフォームづくりである。そこまでを見通した支援の在り方、効果的な実施が求められているのではないか（図1）。

なお、「支援領域③」は「自治体政策への支援」であり、本章のテーマを越える部分もあるが、地域自治システムの構築には欠かせない領域である。住民や中間支援組織からの支援（指摘や要望も含めて）があることで、行政や議会も変わることができる。このように支援は多岐にわたり、双方向・相関関係にある。全体を見渡しながら、また取り組みの歩みや段階に応じた支援方策が必要である。

②支援とは 〜 原点・目標、種類・方法 〜

そもそも支援とは、今田高俊によると「他者をエンパワーメントする（ことがらをなす力をつけること）」とあり、次のキーワードに象徴される視点が必要としている[2]。

・ケア：相手を配慮し、気づかう。「他者に開かれている」こと
・エンパワーメント：ことがらをなす力をつける（生きる力をつける）こと

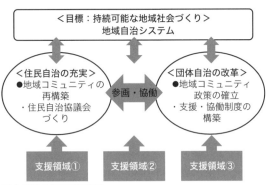

図1 支援全体の見取り図

・サポート：ケア・エンパワメントを軸に構造転換すること

　この三つがそろうこと（が必要条件）で、有効な支援となる。つまり、支援とは「施し」や「一過性の栄養剤・カンフル剤」ではなく、共に生きるために必要な社会関係づくりそのものとしてとらえている。重要な視点であろう。支援は地域共生のための道筋づくりであり、活動団体が自主的・自律的・持続的に活動できるように環境整備を行うことや、行政だけでは解決できない社会課題に対応している活動への支援、さらに市民による市民活動への支援も、すべて多様なアクターによる地域社会づくりそのものといえるだろう。

　さて、支援の種類について、これまでの事例をもとに整理・分類して一覧化を試みた（表1）。こうして一覧化すると、支援は種類も領域もまたがるものが多い。相互に関連し合っており、全体を見渡した複合・多機能な制度構築が必要なことがわかる。

### ③支援の方法
　多方面にわたる支援のうち、支援領域①における実際の事例や手法を俯

表1　支援の種類・柱（支援領域別）一覧表

| 支援の種類 | 領域 | 支援の柱 |
|---|---|---|
| ヒト<br><人材> | ① | 担い手育成確保（リーダー、プレイヤー）/活動参加者拡大 |
| | ② | 参画協働型人材の育成確保（行政職員・地域活動者） |
| | ③ | 職員の育成確保（地域担当職員配置等）/制度構築 |
| モノ<br><拠点・場・事業> | ① | 活動拠点・器材ツール等確保/運営・活用手法 |
| | ② | 参画協働の場づくり/協働事業手法開発 |
| | ③ | 制度構築（助成金制度、指定管理者制度活用等） |
| カネ<br><資金> | ① | 資金確保・調達（助成金、自主事業、寄付等） |
| | ② | 制度構築（助成金・交付金制度・基金等）/マッチング |
| | ③ | 制度構築（助成金制度等） |
| 情報<br><収集提供><br><利活用> | ① | 各種活動情報の収集提供・利活用（課題発見・解決力向上、活動活性化・参加者拡大、情報利活用手法・技術等） |
| | ② | 参画協働情報の収集提供・利活用 |
| | ③ | 地域コミュニティ政策情報の収集提供・利活用 |

注：支援領域①：地域活動（組織）支援、支援領域②：参画協働推進支援、支援領域③：自治体政策支援

瞰する。取り組まれている支援には、助成金の交付やアドバイザーの派遣、公共施設・機材の提供などの直接的なものと、セミナーなどをとおした人材育成やネットワークづくり、先進事例の情報提供といった間接的なものがある。この両者を組み合わせ、自治協設立や運営・活動の活性化について内発的な取り組みを促す。すなわち「自主性の尊重」のもと取り組まれている。そもそも支援は、相手に響かなければ砂漠に水をまくようなもの。支援制度をアメとムチのように利用して地域コミュニティの再編を一気に図ろうとした自治体もあったが、概ねうまくいっていない。活動の担い手不足は相変わらず続き、地域コミュニティの再構築・活性化にはつながっていない。「ケア・エンパワメント・サポート」の視点が欠けていたからではないか。

　もう一つ大事なことは、支援策が地域自治システムの確立という目標にそってきちんと制度化されているかどうかである。かつて行政による地域活動支援が担当分野別に取り組まれた結果、地域に分野別組織（行政協力団体）が林立し、かえって地域コミュニティが弱体化した経緯を忘れてはならない。同時に、支援の目標から内容・手法に至るまで、公開されていること、共有されていることが大切である。何のための支援か、その目標を共有しないままエントリーする地域団体もある。それをきちんと伝えないまま支援に入る職員もいる。その意味では、情報共有がすべての支援メニューの根底・前提になければならない。

　さらに、詳しくは次項で述べるが、例えば参画・協働の取り組みが進んでいった際、それが行政の地域コミュニティ政策にフィードバックされるなど、支援領域間の双方向関係に留意することである。支援メニューをそろえたことで事足れり、後は自主性の尊重というお題目のもと、地域任せという自治体も多い。また、行政が支援の実施を委託した中間支援組織に丸投げという自治体も見受けられる。これでは前には進まない。地域の実情をふまえた、自治協形成に向かう取組みの進捗段階に応じた、また各支援領域が相互に循環して更新されていくことによって、共生の地域社会づ

くりが進んでいく。支援には、この自主性、公開性、目的共有、相互循環、参画・協働による更新が必要である。これが「ケア・エンパワメント・サポート」という視点を持つことに他ならない。

## (2) 支援の内容と取組み

### ①支援の在り方

　行政・中間支援組織による支援にポイントを絞り込んで考えていく。地域自治システムの柱となるのが、各種地域活動が寄り合ってつくる「自治協」である。この組織を住民主導で設立するには、機運醸成から有志による設立準備、地域の合意形成と時間も手間もかかる。各地域の成り立ち、人口構成や活動状況は多様であり、自治協づくりのプロセスや設立時期、そのメンバー構成や活動についても、地域の自主性と主体性が尊重されなければならない。かつて多くの支援政策が、結果的に行政依存型の官製コミュニティに陥ったという失敗を繰り返してはならない。

　したがって、支援は従前の「一律・一斉」のやり方や行政担当分野別の取組みではなく、地域の多様性に対応した多彩で柔軟なメニューを用意できるかどうかがポイントとなってくる。これまでの支援制度を改善するもの、統廃合するもの、新たにつくるもの、また、個別支援と包括支援をどう組み合わせるか等、総合的な地域コミュニティ政策のもとで取り組むことが必要である。

### ②「自治協」設立に向けて

　これまでの支援は、たとえば老人会や子ども会対象というように、行政各部局が担当する分野・テーマごとの取組みが多く、その分野の課題解決には役立ってきたが、地域力の向上にはつながらなかった。かくして地域の現状は、団体の活動内容やメンバーの重複が目立つなか、相変わらず担い手不足に悩み、役員に負担が集中し後継者難に陥っている。多くの地域においては、新たに自治協を設立しようにも、そもそもの体力と余力がない状況にある。

逆に、そういう状況だからこそ、今、自治協づくりが必要であることを共通認識へと高めていく取組みが、まず求められる。そのためには、地域団体の現状把握と取り組んできた各種支援策の検証を行うことから始めなければならない。この取組みが「支援領域③」にかかるもので、地域諸団体や公募市民、有識者や中間支援組織の参画・協働による地域診断である（調査検討審議会の設置など）。新たな支援の前に、地域コミュニティ政策の点検・総括が必要だ。

　こうした、これまでの歩みと課題を抽出し、整理したうえで、自治協設立に向けては、次のとおり、戦略的な視点が必要であろう。
・わがまち再発見：住民が地域を客観的に見直し、関心を高める方策
・つなぐ・つながる：ばらばらに活動している地域の諸団体を結びつける方策
・情報共有：行政が持つ地域情報、先行事例情報の収集提供・利活用方策
　これらを踏まえて地域の機運づくりと体力づくりの道筋を拓く、それが支援のスタートである。この道筋づくりにおいて、行政職員は幅広く情報提供・共有・利活用を図ることで、住民相互あるいは住民と行政とをつなぐ役割が果たせるのではないか。それが「地域担当職員制度」のねらいである。

　支援の到達点は、行政にとっては自治協と「支援−被支援」ではない対等な関係づくりである。参画・協働による地域自治システムの構築、持続可能な地域社会づくりが目標であることを忘れてはならない。その住民側のプラットフォームとなるのが自治協であり、対等な関係づくりに向けて（自立とエンパワーメントをめざして）、ケアの視点を持って支援に取り組むことが求められる。

　設立準備段階そして設立後も、これまで地域コミュニティを担ってきた自治会・町内会等をはじめとする各種地域組織の役割がやはり大きい。法人化する事例も増えているが、その構成メンバーや連携に欠かせない担い手である。既存組織に属さない住民有志の活動、テーマ型のNPO活動の

参加も、自治協の構成や連携には欠かせない。したがって行政・中間支援組織は、これら諸活動が「つながる」ことをめざし、例えば「地域防災」といった誰もが関心を持つテーマで呼びかけを行うなど、担い手の多様性の確保に向けた支援や助言を行う必要がある。なお、自治協は自治会・町内会等より範域が広く、活動とネットワークの拠点が必要となる。既存の地域施設の見直しと相互利用の促進に加え、公共施設を提供する、指定管理者制度を活用するなど、支援政策の再構築が求められる。

### ③設立段階に応じた支援

　本章第2節で紹介している通り、豊中市では制度・条例の立ち上げに際し、地域住民の意見を聞くためのフィールドワークや実証実験を2小学校区で実施している。これは、住民と行政の意見交換だけでなく、住民同士、地域で活動するさまざまな団体相互で意見交換を行い、地域課題の共有をめざす取組みだった。この取組みによって、自治協を設立するうえでの課題や必要な支援策、また、地域住民の意欲や設立への機運が生まれてきた。

　このように、関心や機運を他地域に広げるためには、自治体の広報誌やホームページへの記事掲載やフォーラムの開催などを通じて啓発を行いながら、関心や意欲のある地域に対しては、段階に応じた、いわば戦略的な支援を行う必要がある。

　以下、「初動期」、「準備期」、「設立初期」、さらには「安定期」「見直し期」における支援のあり方や、それぞれの段階で求められる行政・中間支援組織の役割について整理した[3]。

### 1）初動期（段階1）

　この時期は、地域に複数の活動団体があるものの、連携する仕組みがなく、ばらばらに活動している状態である。多くの住民が、地域の現状や将来像について共通の関心がない状態で、自治協の具体的なイメージは共有されていない。したがって、支援策としては、地域担当職員制度の導入と併せて、次のようなことが柱となる（表2）。

表2 初動期（段階1）における支援策

○地域コミュニティの大切さ、地域の取組みを喚起する（広報誌やセミナー開催など）
○先行自治体の取組みや行政の方針を情報提供する（広報誌やセミナー開催など）
○地域の統計情報などを一元化して提供する（アクセス可能な形に整える）
○これらの取組みを通じて、地域課題の認識・共有の促進を図る
○地域団体の相互交流・連携を仕掛ける（まち歩き、ラウンドテーブルの開催など）

　行政・中間支援組織は、地域での取組みの機運が高まるのを待つのではなく、地域コミュニティの大切さについて広く情報発信・提供し、種々の地域活動への参加を促す必要がある。転入者、若者、事業者等へも積極的に情報提供するなど、地域への関心を高めていくための多面的な取組みが求められる。そのために、自治協（小学校区）ごとの地域統計を一覧化する。校区別の年齢別人口や施設、学校、福祉、環境、交通、産業等の情報を集約し、住民がその地域の特色や課題についてアクセスできる形で提供するのである。これによって地域への関心を高め、自主的な「地域カルテ」作成へとつなげていく。同時に、市の方針はもとより、財政状況や将来人口の動態推計なども示し、住民自治の大切さを喚起し、自治協設立に向けた機運を醸成することが重要である。

　また、地域内の住民や活動団体相互が出会い、知り合う場として「タウンウォッチング」や「ラウンドテーブル」の開催が有効である。参加者が自由に語り合い、互いの活動を知り、地域課題を共有するしくみづくりである。誰がどうやって交流のない団体や個人に呼びかけるかなどの課題もあるので、当初は行政・中間支援組織が「地域防災」などのテーマを設定する必要もあるだろう。その際には、庁内各部局が把握している地域諸団体リストを一覧化し、提供することも必要である。

## 2）設立の準備期（段階2）

　地域で活動する団体が、高齢者や子育て支援など関心のあるテーマで連携している状態である。情報交換・交流の機会が増えたことで、互いの活動が理解でき、連携することのメリットが見え始めてはいるが、まだ全体

表3　準備期（段階2）における支援策

○地域内諸団体に連携を働きかける（説明会の開催など）
○地域課題を可視化する（ワークショップの開催、住民アンケートの実施など）
○活動の連携を促進する（ホームページ作成の技術的支援、地域総合情報紙の発行支援）
○新たな連携の取組みを促進する（地域カルテ作成支援、ラウンドテーブル開催支援）
○先進事例の紹介など、設立機運を高める（セミナーの開催など）
○自治協設立に向けた手順・工程表を示す
○自治協規約の標準モデルや事務局業務を一覧化して示す（ノウハウ・スキル提供など）
○「地域づくりビジョン」策定を支援する（助言、専門家派遣、費用助成など）

として新たな包括的な自治協を設立しようという合意にまで至っていない
段階である。あるいは、合意はできていても、人材や資金に余裕がなく踏
み出せていない段階であり、支援策としては次のようなことが中心となる
（表3）。なお、進めていく際、最初から完璧な組織づくりをめざすのでは
なく、取組みを通して細部を固めていくという柔軟な姿勢で臨むことも大
切である。取組みのプロセスこそが重要であり、これにより自治協が「進
化する組織」となっていくのではないか。

　ここでのポイントは、有志に芽生えた自治協設立の機運を地域全体の合
意に持っていく取組みである。そのためには、ともに学び意見交換できる
セミナーを開催するとともに、地域説明会などを通じて、多様な団体・個
人に連携を働きかける必要がある。また、自治協設立に向けた工程表を作
成し、どの段階で何をするのかを明らかにし、必要があれば事務局業務を
サポートする人材の派遣も必要だろう（新たな支援制度の構築）。ラウン
ドテーブルなどは、当初は行政・中間支援組織がリードすることがあって
も、この段階では住民主導で実施できるようスキル・ノウハウを継承する
必要がある。

　地域全体として、自治協設立の機運を盛り上げるには、情報共有・利活
用が何より重要である。既存の地域団体がそれぞれに発行していた広報紙
をまとめて「地域総合情報紙」を発刊する、ホームページやブログで地域
情報を発信する、地域の統計データや資源を「地域カルテ」にまとめると

いった取組みは、課題の可視化と機運づくりに役立つ。そのため、ICT技術の支援や調査費用の補助、アドバイザー等の派遣といった支援メニューを整える必要がある（支援制度の包括化）。

またこの段階で、自治協を運営する上でのルールや行政がそれを認定する際の条件・手続きについても、住民と合意形成しておく必要がある（設立要件の確立と周知）。

### 3）自治協設立初期（段階3）

自治協が設立され、安定した運営をめざす時期である。地域有志の努力によって設立はしたものの、人材・財源ともまだまだ不安定な状態であるため、引き続き支援が必要である。この段階からの支援は、自治協と行政の参画・協働へとステップアップを図ることが目標となるだろう（地域まちづくり計画の策定と協働事業の企画等）。自治体内には設立・未設立の地域があり、設立された地域でも運営や事業において種々の違いが現れる時期でもある。したがって、支援および対応としては、次のようなことが想定される（表4）。

この段階では、各地域に設立された自治協の伴走支援を行いながら、必要なルールや組織ガバナンスについて支援する（関与する）ことが求められる。また、自治協同士の情報交換・交流の場を設定し、運営のノウハウ・スキルの向上を図るなど、リーダー、プレイヤーが息切れしないようきめ細かな支援（ケア）が望まれる。また、地域まちづくり計画を作成するよう呼びかけ、調査・作成費用の補助、アドバイザー等専門家派遣などの支

表4　設立初期（段階3）における支援策

| |
| --- |
| ○相談・助言の仕組み・体制を整える（運営や活動に関する情報やノウハウの提供） |
| ○組織ガバナンスに関する支援と関与を図る（会計報告や民主的運営など） |
| ○「地域まちづくり計画」策定を支援する（助言、専門家派遣、費用助成など） |
| ○地域との協働事業を検討する（自治協に委託可能な業務を洗い出すなど） |
| ○包括的な補助金・交付金を提供する |
| ○自治協と協働を進めるためのしくみをつくる（パートナーシップ協定等） |
| ○地域間のばらつきについて、行政としての対処方針を確立する |

援を行っていく必要がある。

　計画が策定された後は、庁内関係部課との調整や計画に盛り込まれた事業に取り組むための予算措置が必要となる。したがって、行政には支援から参画・協働の地域づくり段階へステップアップしていくロードマップがなくてはならない。自治協の成熟度に応じた支援と参画・協働の包括メニューを策定し、共有しておく必要がある。自主・自立の取組みを円滑に実践している地域と、まだそこには至っていない地域があるなか、それぞれに応じたタイムリーな取り組みが求められるからだ。

### 4）自治協設立「安定期」「見直し期」（段階4〜）

　支援の到達点は、自治協と「支援−被支援」ではない対等な関係づくりである。したがって、自治協が「安定期」に入った後は、行政は支援というよりも、地域まちづくり計画の実践の一環として協働事業の取組みへとシフトしていくこととなる。

　つまり、この段階からの支援は、活動の継続と持続的発展に向けて、自治協自らが中間支援組織に委託するなど自発的に取り組むこととなる。その後の「見直し期」も同様であり、自主事業の一環として取り組まれていくことが理想であろう。

　しかしながら、全国統計を見ると、自治協設立により「活動がやりやすくなった」（56％）、「新しい人材の発掘・育成につながった」（37％）としながらも、引き続き行政に期待することとして、「活動資金の不足」（55％）、「人材不足」（24％）への対応を、専門家（中間支援組織）へは「会計等のノウハウの不足」（26％）、「人材不足」（22％）への対応をという結果が出ている [4]。設立初期段階から安定期に移行する間、この資金不足・人材不足が慢性的になると、持続可能な活動は困難となる。したがって、「安定期」が継続できるためのヒト・モノ・カネ・情報の支援が引き続き必要である。

　その先はどうか。「安定期」に入り協働事業を展開していても、人口減少をはじめ地域の状況変化により、再び資金不足・人材不足に陥り、活動

が持続できない事態も想定される。現に、世代交代が困難となっている先行自治体の事例も見受けられ、「見直し期」のあり方、さらには自治協というしくみ自体の存続が危うくなる状況も視野に入れておくことが必要だろう（第8章参照）。

　このことは、超少子高齢社会・人口減少社会に突入したことから生じる構造的な課題とも密接に関連しており、特効薬となるような新たな支援方策があるわけではない。この段階では、自治協の地域まちづくり計画が持続可能で実効性のあるものとなるよう、当該計画の見直しや改定への支援が求められることとなるだろう。しかしそれは、支援というよりも、社会状況や地域の変化に応じた「地域自治システム」の新しいあり方を、自治協とともに再構築する協働の取組みに他ならない。改めて、全体の見取り図（図1）に立ち帰り、リ・スタートすることが必要だろう。

　支援は、機運づくり・体力づくりから始まり、活動が継続発展していくためのもの。その最終目標は、持続可能な地域社会づくりに役立つ「地域自治システム」の確立にあることを再確認しておきたい。


## (3) 現状と課題、今後の展望
### ①現状と課題

　支援のめざすところ、それは持続可能な地域共生社会の実現である。自治協が、そのプラットフォームとなるよう支援するのである。自治協設立が最終目標ではなく、その先を見据えること、全体の見取り図（図1）を共有することが大切である。自治協設立のプロセスにおいても、また設立後の活動においても、住民自治の充実と団体自治の改革、そして両者の協働なしには前へは進まない。地域自治システムが、都市計画等の地域政策や総合計画とリンクした総合政策として位置づけられる必要がある。

　各自治体の取組みは、そこまで踏み込んだものとなっているだろうか。現状は、行政の一分野（タテ割り）の取組みであり、中川幾郎がいう「住民自治と団体自治相互の関係をもう一度洗い直し、ともすれば動脈硬化を

感じさせる地方自治システムそのものを蘇生・活性化させようとする狙い」[5]
を見通した取組みには達していないのではないか。構造改革にまで踏み込
めておらず、分野別の施策にとどまりがちである。このままでは、かつて
のように行政依存型の官製コミュニティづくりに陥ってしまう危険性もあ
るだろう。自治協による地域まちづくり計画を、総合計画の地域別計画に
位置づけるなどの取組みが求められる。地域コミュニティ政策は、他領域
の政策の見直しにまで関係すること、すなわち団体自治の改革（総合的な
地域政策の確立）が欠かせないことを改めて強調しておきたい。

　もう一つ、大きな課題がある。この間取り組まれてきた行財政改革の行
方である。民間活力の導入という掛け声で取り組まれた行財政改革は、経
費や無駄の削減と公共サービスの担い手の多様化にはつながったが、「自
治」「分権」「包摂」の視点が欠落しており、地域社会に分断と格差が広
がっている。住民を、行政サービスを受給する「客体」に押し込めており、
まちづくりの「主体」としての位置づけが曖昧になっている。住民自治は
充実の方向に向かっていないのではないか。

　政治によるダッチロールも見受けられる。首長の交代による政策方針の
転換である。住民と行政の協働によってできたしくみが担保されず、一挙
に崩れ、再構築に多大な時間と労力を費やした自治体もある。その意味で
は、二元代表制の一翼である議会の役割も大きい。玉野和志がいう「住民
自治や地域自治を実現するためには、最終的な政治的意思決定を、コミュ
ニティにおける市民と行政の協働の中で生まれてきた合意に基づき、正当
化することができるような議会の改革が不可欠」であろう [6]。

　自治協を柱とする「地域自治システム」の行方はどうなるのか。地域社
会は、多様な人たちが住みたいと思える、共生・包摂のまちとなっていく
のだろうか。課題はたくさんある。今一度、原点に立ち帰り、全支援領域
（図1）の取組みの総点検をしてほしい。現状（ある）のリアルな分析、
望ましい（あるべき）姿の追求、その実現可能性（できる）の探索 [7] で
ある。その上で、「ケア・エンパワメント・サポート」に立脚した支援に

取り組んでほしい。自治体の挑戦はこれからも続く。

### ②今後の展望

　地域社会はかつてのような面識社会でなくなってきた。一方で、震災などでは地縁の底力と有志ボランティアの活躍で地域が再建されていく姿に、改めて人のつながりの力と大切さを思い知らされた。これまでも、これからも、地域コミュニティはその姿もありようも変わっていくだろうが、この「人とのつながり」の大切さは変わらないだろう。つながり方が、社会状況やITとともに変わっていくだけだ。

　かつてのような同質性と帰属意識で成り立つものから、それぞれの生活スタイルの範囲内で、さまざまな動機・契機からつながる、そういう姿に変わってきた。地域活動もそうだ。自己完結型ではなく、連携・協働型へと変わってきた。柔らかな開かれた寄合いのしくみがあることで、誰もがそれぞれの生活スタイルに合わせて関わることができる。そういう自治協づくりが、今、求められている。

　現代では、多くの人々は地縁・住縁に加え、仕事や趣味サークル、ITなどのつながりを持ち、これらを使い分け・組み合わせしながら生活している。これら複数の拠り所を持つことによって、多様な価値観を養ってきている。したがって、多様な人と多様な方法でつながって暮らす、それが可能な地域社会を選択するだろう。それに応えられる地域自治システムが、今、求められている。

（田中逸郎）

## 2 行政支援の事例

　ここでは、地域自治システム構築の背景や全体像、支援制度について、大阪府豊中市と兵庫県朝来市の実践事例を紹介する。

### （1）豊中市の取組み

#### ①地域自治システム導入に向けて

　1）検討・準備段階での取組み

自治協づくりが全国各地で進んでいる（自治体によってさまざまな名称があるが、豊中市は「地域自治組織」としており、本項では以下「地域自治組織」という）。こうした取組みが地域に根づき、息づくために必要なことは何か、豊中市はそれを探り見出すためにおよそ4年の歳月をかけた（表5）。活動団体・学識経験者・公募市民等で構成する委員会や庁内検討組織の設置、そして地域住民との話し合いや地域フィールドワーク、モデル事業を重ねたうえで制度設計した。

　この一連の取組みは、次のとおり大変有効だった。

・2小学校区でモデル事業を協働実施したことで、地域自治組織の必要性や課題について共通認識を醸成することができた

・地域自治組織に必要なヒト・モノ・カネ・情報が一覧化できた

・ヒト・モノ・カネ・情報の一覧化により、必要な支援・協働制度が構築できた

・市内一律・一斉には立ち上げないという政策決断ができた（立ち上げの共通認識が醸成されていない地域へは「気運形成」のための支援を行う）

　住民の理解と意欲、行政の方針と新たな支援制度の構築ができ、取組みの方向性や手順をかためることができたのである。

表5　豊中市地域自治推進の仕組みづくり（検討・準備段階）

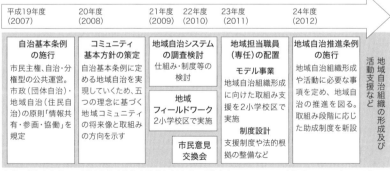

出典：『豊中市市民公益活動推進施策実施状況報告書』（豊中市コミュニティ政策課、2021年11月）、一部簡略化して掲載

## 2）地域の状況

この時期の地域活動状況は以下のとおりである（各種データ等は『豊中市市民公益活動推進施策実施状況報告書』[8] を、詳細分析内容は田中 2011、2019[9] を参照）。

・自治会加入率の低減傾向が続いているが、地縁が色濃い旧村町エリア校区での加入率が低く、新興住宅地の校区では加入率が高い[10]（2021 年 4 月現在加入率は「37.9％」）

・各種地域組織（小学校区ごとに自治会も含め 10 数もの組織が並存）も、構成員も含め減少傾向だが、新住民の現役勤労者層が担い手の組織に脱皮した消防団は活性化・増加傾向

・NPO 活動は活発で、NPO と各種地域団体とが連携を取りながら活動するケースが増加しており、活動は自己完結型から連携・協働型へと変化[11]

・特徴的なのが、中間支援型 NPO の「地域プラットフォーム機能」「インキュベーション機能」（2018 年当時で 8 団体、現在は 6 団体が活動）。地域活動を「つなぐ・つながる」ことに貢献するほか、新しい活動を育み育てている。

## 3）行政の取組み

検討・準備段階の取組みが進んだ背景や前段階には、開かれた意見交換会がある。既存の行政地域コミュニティ政策の枠組みにおける取組みではなく、その枠組みに納まり切らない課題、あるいは、その枠組みのままでは解決できない課題について、さらには、その枠組み自体の変革について、協働で考えようと呼びかけたことにある。住民自治のまちづくりを進めるには、行政との開かれた意見交換のしくみがあること、また行政によるタイムリーな支援が有効なこと、そして地域コミュニティ政策の改革に協働で取り組むことが必要なことを示している。

これら行政と地域活動、NPO 活動の協働に欠かせないのが、市政運営の根幹に市民参加を据えていることである。豊中市は市民参加に積極的に取り組んできた歩みと蓄積があり、その積み重ねのもとで地域政策の見直

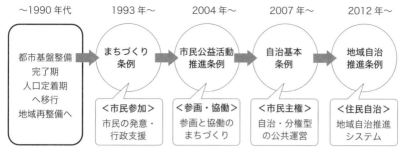

図2　豊中市の市民参加の歩み（関係条例）

しや協働によるしくみづくりが進んだことも特徴といえるだろう（図2）。

②豊中市地域自治システム（各種地域組織連携・包括化の取組み）

　1）コミュニティ基本方針、地域自治システムの全体像

　2009年、豊中市は「コミュニティ基本方針」を策定。小学校区を範域とした地域コミュニティの将来像と基本原則を設定した。そして、地域自治組織と行政の役割分担や連携機能等を「地域自治システム」として示した。地域コミュニティを活性化させることで「自治基本条例が掲げる市民主権の理念に根ざした、多様な主体の参加と協働による公共運営の仕組みが実現していく」としている[12]。地域コミュニティを再構築することで住民自治を充実するとともに、団体自治の改革と住民自治との関係性の見直しを視野に入れた政策に着手したのである。

　このコミュニティ基本方針のもと、2012年に「豊中市地域自治推進条例」が施行された。「豊中スタイルの地域自治システム」と謳い、地域においては市民や各種団体が横につながって「地域自治組織」をつくる。行政においては、これまで担当部局が別々に各種地域組織を支援してきた経緯を活かしつつ、地域の「総合窓口」を設置する。そして、双方が協働して地域づくりに取り組むというものである（図3）。

　このシステムの特徴は次のとおりである。

・地域自治組織は、市内一斉・一律につくるのではなく、それぞれの地域特性や自主的な取り組みの進捗状況に応じて段階的につくる

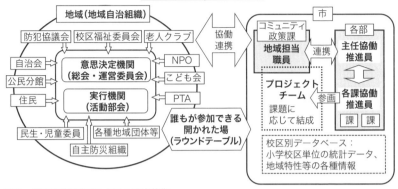

図3　豊中市地域自治システムの全体像
出所:『豊中市市民公益活動推進施策実施状況報告書』(豊中市コミュニティ政策課、2021 年 11 月)

・取組み状況や段階に応じた支援制度を設ける

・行政は総合窓口（コミュニティ政策課）に「地域担当職員」を置くほか、全部局に「協働推進員」を任命するとともに、課題によってはプロジェクトチームを設置し対応する

### 2）支援制度

　地域自治組織の「気運形成段階」、「検討・準備段階」、設立後は「初期段階・発展段階」と分類し、段階ごとの地域の取組みと市の支援を一覧化している（表6）。

### 3）地域自治組織の設立状況

　2012 年の地域自治推進条例施行により、41 小学校区がある中、8 校区において地域自治組織が立ち上がり、3 校区において設立に向けた検討がなされている（2022 年 5 月現在）。特徴的なのは、地域自治組織の形成にあたって中心的役割を果たした組織やリーダーが多様化していることである。自治会・校区福祉委員会・公民分館という地縁の代表的組織に限らず、単独の組織では対応しきれない地域課題、とりわけ災害への備えや対応に危機意識を持った有志がネットワークをつくり設立している。

　このことからも、現在では単独の組織やリーダーが中心となって地域コ

表6 豊中市の支援制度

| 取組みの段階 | 地域の取組み | 行政の支援 | |
|---|---|---|---|
| ■気運形成段階<br>→継続的検討へ | 市主催説明会・セミナーへ参加<br>→地域と市の共催へ | 普及啓発、広報活動<br>経費負担・物品貸出 | 地域担当職員の支援<br>専門家の派遣<br>校区別データベースの活用 |
| ■検討・準備段階<br>→設立準備 | ラウンドテーブル、ワークショップ、まち歩き、情報発信、アンケート、校区別データベース<br><br>地域づくりビジョン（発起人会） | 検討会への助成金<br>＜最大30万円、3年限度＞<br>市の認定、交付金<br>＜年間最大300万円＞ | |
| ■設 立<br>・初期段階<br>・発展段階 | 設立総会<br><br>地域づくり活動計画<br>パートナーシップ会議 | 市の認定、交付金<br>＜年間最大300万円＞ | |
| | | 助成金<br>＜最大20万円、3年限度＞ | |
| | | パートナーシップ協定（協働制度） | |

出典：『豊中市市民公益活動推進施策実施状況報告書』（2021年11月）をもとに作成

ミュニティを担う状況にはないことがわかる。地域コミュニティ再構築の道筋づくりとなるのは、それぞれの組織が自主活動を続けながら、防災等の新たな課題やニーズに地域の総合的視点から対応するための寄合いのしくみとして地域自治組織が必要となってきたことがわかる。活動を行う住民はさまざまな価値観を持ち異なる組織に属し、目的もニーズも追求する利益や関心も違う。こうした互いの追求する利益や関心の相違を知り、それぞれの主体性を尊重しつつ関係を調整するプロセス、これを大切にした取組みによって地域自治組織が立ち上がっている。

### ③柔らかな寄合いのしくみづくり

　豊中市での一連の取組みから浮かび上がってきた、これからの地域コミュニティの姿や再構築に必要な視点について述べる。

　都市型自治体においては、上意下達式の同質性で成り立つ運命共同体的な価値観は通用しない。地元生え抜きの住民が居住年数の短い人々をよそ者扱いすると、互助・共助の地域活動は成り立たない状況にある。同時に、地縁組織だけで地域課題すべての領域をカバーできる状況にはない。そのような「フルセット型」の活動は、リタイアパーソンや専業主婦等、常に

地域にいる住民が担い手として存在する（存在し続ける）ことが前提である。少子高齢化が進む中、多様な「よそ者」が集まる都市型自治体ではあり得ない。活動が自己完結型ではなく、連携・協働型へと変わっていくのは当然のことであり、柔らかな開かれた寄合いのしくみがあることで、誰もがそれぞれの生活スタイルの範囲内で、さまざまな動機・契機から地域コミュニティに関わることができるのではないか。

　これからの地域コミュニティ像は「選択型」であり、IT用語的にいうなら「オン・オフ型」、その時々のニーズや関心がある場合に関与するものとなっていくだろう。地域行事に参加はするが、普段はITをもとに情報収集し、仕事や趣味サークルなどに時間を費やす。地域コミュニティ以外に、（厳密な定義はさておき）テーマコミュニティや趣味サークルコミュニティ、バーチャルコミュニティと、現にほとんどの人はそうやって使い分け・組み合わせしながら生活している。現代では、多くの人々はこうした複数の拠り所を持ち、そのことによって多様な価値観を自ずと養ってきている。公共・公益的な調整判断力はむしろムラ型社会時代よりも豊かに身に着けており、その人らしい生活スタイルを選び取り、地域で（価値観の異なる多様な人とともに）暮らす。それが可能な地域社会を選択するだろう。

　私たちが、人とさまざまな形でつながることを自らの自由・権利として選び取ることができる社会をつくることを目標に、それに向かって絶えず歩み続けることができる地域自治システムが、今、求められている。

（田中逸郎）

## （2）朝来市の取組み

### ①条例・制度構築の背景・経過

　兵庫県の中央に位置する朝来市は、人口減少や少子高齢化が進展していく中において、2005年4月に朝来郡4町の合併によってできた市である。旧4町の一つである生野町は、1990年代半ばには住民参加による総合計

画の策定など、協働のまちづくりの実践が展開されていたまちであり、合併協議による「新市まちづくり計画」では、コミュニティ活動体制の充実・住民自治の推進について明記された。2005年8月に「新市まちづくり計画」に基づき住民自治の強化に向けて話し合いがスタートし、そこでは、概ね小学校区を単位として区（自治会）が中心となり、地域内のさまざまな団体等が参画し、地域の課題を解決する新しい地域自治の仕組みとして地域自治協議会（以下「自治協」という）を設立することが話し合われた。このようにして、朝来市では2007年度から各地域で自治協の設置に向けて動き始めた。

## ②条例・制度の概要

自治協は住民の主体的な地域自治組織であるものの、自治協を朝来市における地域自治システムとして位置づけ、その役割を行政も議会も認識し、守り、育てていくために、朝来市では次のような支援制度を設けている（図4）。

### 1）人的支援

2007年度に地域担当職員制度を設け、自治協の設立支援及び設立後の運営支援を行っている。創設時は各小学校区に6人の市職員を兼務辞令により任命し、地域ラウンドテーブルづくりなど自治協の設立や運営に向けた助言を行い、設立後は2〜4名の地域担当職員が自治協の活動を伴走的に支援している。

### 2）財政的支援

#### ①設立準備支援金

2007年度に自治協設立準備支援金制度を設け、自治協の設立に向けた地域の合意形成に係る費用を支援（50万円/小学校区）した。

#### ②地域自治包括交付金

自治協の創意と工夫による地域づくり活動を促進するために、2008年に地域自治包括交付金制度を創設した。自治協は、自主的判断に基づいて地域の実情に照らしながら使途を決定し、地域課題の解決への取組みなど

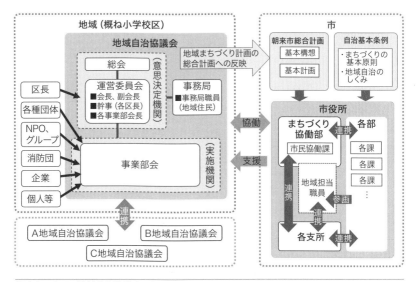

**朝来市における地域自治協議会の位置づけ**

a) 地域自治協議会は、"自治基本条例で定められた公共的団体である。

b) 自治会をはじめ地域で活動する団体は、地域自治協議会に参画し、課題を共有し、団体相互の連携を図り役割分担しながら自治運営の一端を担う。

c) すべての住民、事業者等は、地域自治協議会の構成員である。地域自治協議会の運営、活動、サービスの享受等あらゆる部分に参加できる。

d) 地域自治を進めるために（地域自治協議会をうまく運営するために）、基本的な地域のルールを定めることが望まれる。

**地域自治協議会の要件（朝来市自治基本条例）**

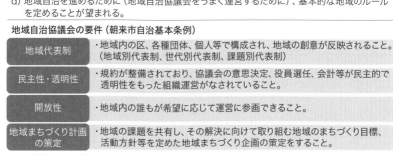

| 地域代表制 | ・地域内の区、各種団体、個人等で構成され、地域の創意が反映されること。（地域別代表制、世代別代表制、課題別代表制） |
|---|---|
| 民主性・透明性 | ・規約が整備されており、協議会の意思決定、役員選任、会計等が民主的で透明性をもった組織運営がなされていること。 |
| 開放性 | ・地域内の誰もが希望に応じて運営に参画できること。 |
| 地域まちづくり計画の策定 | ・地域の課題を共有し、その解決に向けて取り組む地域のまちづくり目標、活動方針等を定めた地域まちづくり企画の策定をすること。 |

図4　朝来市地域自治システム

に活用している。また、自治協を中心とした地域運営や地域協働のまちづくりの推進につなげていくために、事務局機能の必要性を鑑み、地域自治包括交付金には、地域で雇用する事務局職員の人件費（2022年現在280万円／小学校区）を含んでいる。

③活動拠点施設

　自治協が地域プラットフォームの役割を担うために、活動拠点施設が必要であることから、活動拠点施設として市施設を無償で貸与している。

### 3）制度的支援

①地域協働の指針

　2008年3月に朝来市地域協働の指針を策定し、地域協働のまちづくりを進めるときの市民と行政の関係性などを明記するとともに、地域協働の主体となる自治協が果たす役割や行政の支援策を明記した。

②自治基本条例による位置づけ

　2009年3月に朝来市自治基本条例を公布し、自治協を地域の公共的自治機関として位置づけ、役割や在り方を明記した。

### 4）その他

　朝来市では、自治協の役員や事務局職員等が先進的な事例等を学ぶ情報共有の場や、ファシリテーション研修等の学びの場を開催することで、地域の主体的な活動につなげている。

　これらの各種支援は、市民自治のまちづくりを実現していくという朝来市の姿勢とともに行政の責任を示すことにより、市民にとっては住民自治を推進していくうえでの安心感につながったともいえる。

## ③現在の進捗状況

　朝来市内では、2007年から2008年の間に、全ての地域において自治協が設立され、地域特性に応じてさまざまな活動が展開されている。例えば、高齢者の見守り活動や介護予防を兼ねた交流の場づくりをはじめとして高齢者の暮らしを守る活動など地域住民相互でお互いの暮らしを支え・守る活動のほか、地域の中で多様な学びや遊休農地を活用したコミュニティビジネスなど心の豊かさ・地域経済の豊かさにつながる活動が幅広く展開されている。

　このように地域特性に応じた住民の主体的な活動を展開していくためには、地域住民が地域で実践したいことと地域課題が重なる部分を活動につ

なげていくことが大切である。そのために、市担当課や地域担当職員は、多様な住民が参画する対話の場の開催支援などにより地域住民の主体性を引き出しながら、年代やテーマごとの課題を整理し、地域活動につながるように、自治協を伴走的に支援している。

　また、地域自治を充実強化していくために、外部人材との連携も大切な要素となっている。地域おこし協力隊の制度を活用し、自治協のビジョンと地域おこし協力隊のやりたいことをマッチングさせた取組みは、地域に新たな風を起こし、地域の新たな活動の呼び水にもなっている。

### ④今後の課題や将来展望

　地域自治システムの持続性には、多様な地域住民の主体性を育み、主体的な活動につなげることが大切である。そのために、行政は、自治協の事務局職員等がファシリテーターとして地域住民の想いなどを「引き出す」役割や、コーディネーターとして困りごととアイデア・人・活動などを「つなげる」役割を担えるよう人材育成の場づくりを進めていくとともに、地域の枠にとらわれず、対話の場づくり等により新たな主体的な活動を育むプロデュース的な役割や、人と自治協、また、自治協とさまざまな団体などをつなげるコーディネート的な役割を担っていくことが必要だと考える。

### ⑤現在取り組み中の自治体、これからの取り組む自治体への提言

　人口減少・少子高齢化が深刻化し、多様化する住民ニーズに細やかに対応していくためには、住民の身近なところで対応していく地域自治の充実が今後ますます重要となっていく。しかしながら、住民が「やらされ感」「義務感」で活動を進めていては持続的な取組みにはつながらない。そのためには、地域課題を踏まえつつも課題解決ばかりに視点をおいた活動だけでなく、新たな発想で未来を創造する視点で活動を進めていくことは、若い年代も参画しやすくなる要素であると考えられる。だからこそ、組織や活動のカタチを決めつけるのではなく、地域特性などを大切にしながら、柔軟な発想や新たな活動を応援できる寛容性ある組織づくりを支援してくことが大切であると考える。

また、市民活動支援センターなどの中間支援組織の設置など継続的な伴走型支援の仕組みづくりにより、テーマ型の市民活動支援や地縁型との連携のコーディネートなど幅広い視点からの支援体制の構築は、地域住民にとって大きな支えとなるとともに、多様な活動を育むことにつながるだろう。

（馬袋真紀）

## 3 中間支援組織による支援

　住民自治協議会の広がりに伴い、行政職員が直接支援するのではなく、中間支援組織を介在させる事例が出てきた。内閣府の「地域の課題解決のための地域運営組織に関する有識者会議」の最終報告（2016 年 12 月）にも「地域運営組織の立上げや事業運営の実施、またそのために必要な人材の育成・確保、適切なノウハウの取得等にあたっては、行政による支援とともに、中間支援組織による支援が期待される」と記されている[13]。中間支援の位置づけや体制、具体的な支援の内容はさまざまだが、行政職員よりもファシリテーションスキル等が高い民間団体のスタッフが、直接の利害関係がない第三者的な立場でサポートすることで、より高い効果を上げる場合も多い。

　本節では、中間支援とは何か、地縁団体や NPO に対する支援と自治協への支援とはどこが異なるかを踏まえた上で、自治協に対する支援に中間支援組織を介在させることでどのような効果があるのか、逆にどのような懸念があるのかを見ていこう。

### （1）対象ごとのインターミディアリーについて

　中間支援組織はインターミディアリーと呼ばれ、まず NPO の分野で広がった。新しい公共の担い手となる NPO は、行政の価値観による上からの指導ではなく、同じ民間非営利の組織がサポートした方が良いという理念に基づき、「特定非営利活動促進法」の活動分野の 1 つに「前各号に掲げる活動を行う団体の運営又は活動に関する連絡、助言又は援助の活動」

が盛り込まれた。これは当初12分野だった特定非営利活動分野の12番目、20分野に拡大した現在では19番目の項目にあたる。

　これを受けて各地にNPOセンターが設立され、草の根団体のスキルアップ講習のほか助成金情報の収集・発信、ネットワークの促進や支援者とのマッチングといった事業を展開していった。地域単位の総合的なセンターだけでなく、環境や防災など分野ごとのインターミディアリーや、会計や資金調達、評価といった組織運営に特化した支援を行う団体も現れた。

　他方、自治会・町内会等の地縁団体は、行政との結びつきが強く「困ったことは行政に相談する」スタイルが一般的であった。かつては小単位組織⇒校区ごとの連合組織⇒行政エリア全体の連合組織（さらに都道府県単位や全国組織も）というヒエラルキー構造が強く、連合自治会で決まったことを単位自治会が実践し、単位自治会の課題を連合がまとめて自治体に伝えるなど、良くも悪くも連合組織が中間団体的な役割を果たしてきた。しかし近年、連合から脱退する単位自治会も増えており、連合の機能や役割の見直しが迫られている。

## （2）住民自治協議会への中間支援

　新興の自治協には、どのような中間支援の仕組みがあるのだろう。規模の分類では、一つの基礎自治体内の自治協だけを支援する団体と、より広域を対象とする団体とがある。前者は、コミュニティ財団など第3セクターが機能強化したケースのほか、自治体が株式会社や特定非営利活動法人等に委託するケースがある。後者は、まちづくり活動への支援実績があるコンサルタント（あるいはそのネットワーク）や広域の市民活動・NPOサポートセンターが、支援対象を自治協にまで広げたケースがみられる。現状では単独自治体内で活動する団体が多いが、前述の最終報告では、中間支援組織同士による情報交換等が不可欠として、岩手県内のネットワークの事例を紹介している。

　支援内容としては第1節にあるように、自治協の組織体制づくりや運

営サポート、地域まちづくり計画策定時の技術的なアドバイスなどがあるが、民間の中間支援組織が本領を発揮するのは、組織づくりに向けた機運の醸成や、事業者や地域外の人材との橋渡し、自治協がコミュニティビジネス等に挑戦する際のアドバイスなどだろう。行政と自治協との連絡や調整を行う業務も、現場の状況を施策に反映させる意味ではとても重要な役割だが、これには庁内あげての理解と協力がないと、外部からの調整は難しい面がある。

　自治協は「志が同じ」構成員ばかりではないため、先に記したNPOへのサポート策に加えて、地域カルテを使った課題の可視化や地域の将来像の検討、合意形成など、なによりも住民の主体形成に関する支援が重要である。具体的な事例として、岡山県の特定非営利活動法人みんなの集落研究所では、高齢化や少子化のデータを調べてマッピングする手法や、アンケートの設問づくりから分析まで住民自身が行うためのノウハウ伝授など、自治協メンバーの自覚と自立に向けた支援が試みられている。また、後述する一般財団法人明石コミュニティ創造協会は「活動支援ではなく、根っこの部分の組織基盤づくりへの支援」を心掛けているという。

## (3) 事例から見る効果と課題

### ①大阪市の「新たな地域コミュニティ支援事業」業務委託事業者

　大阪市では2012年度、橋下市政で市政改革プランに基づき「地域活動協議会」（以下、地活協）の形成が一気に進められ、それを中間支援組織による「まちづくりセンター」（以下、まちセン）が積極的に支援するかたちが整えられた[14]。地域に対する補助金を一括化し、交付の受け皿として地活協を設定。ただし、年度内に設立するように促した手法は、性急過ぎると批判も浴びた。この補助金インセンティブの結果、ほとんどの地域で短期間に結成されている。区長が認定を行い「準行政的機能[15]」と「総意形成機能」とが求められている。

　制度導入の際、かなりの予算をつけて中間支援組織を介在させた[16]。

当初 2 年間は市内 24 区を 5 ブロックに分け、公募で選んだ事業者に地活協の形成を支援させ、2014 年度からは区ごとに、まちセンを運営する支援事業者を選ぶ方式に切り替えた。2017 年 10 月の区長会議で「地活協がどのような状態になるまでまちづくりセンター等を活用していくべきかの基準」を検討し、2 年後の区長会議では施策の効果を検証。その結果、2019 年度末でまちセン方式は一区切りとし、2020 年度以降は一律ではなく地域の実情に即した最適な支援を目指して、各区で支援事業を再構築している。2021 年度は 4 つの区で、民間団体を入れず、区が直接「地域運営アドバイザー」を雇用する形態になった[17]。

これまで支援業務を請け負ってきた事業者は NPO 法人や株式会社などさまざまだが[18]「域内の事業者に地活協との連携の意向や可能性を探るアンケートを行いマッチングを実施」「マンションの建設前に開発業者にアプローチし、入居する住民に地活協への参加を促進」「会計処理の負担を減らす自動計算ソフトを開発・普及」等、民間の機動力やノウハウを活かしたサポートが行われてきた。

中間支援組織の活動を評価する仕組みも整えられた。大阪市は全区共通で、自律的な地域運営（地活協のめざす姿）を項目ごとに整理し、各地活協の達成状況を 1 ～ 3 のステージで判断する仕組みが導入されていた。現在は基本項目・発展項目に簡単化され、その指標を用いるかどうかも各区の判断に委ねられている[19]。2019 年度までは、まちセンが担当する地活協の状況や支援の効果について自己評価を行い、区がそれに対する意見を付与した上で、第三者の評価委員が年 2 回（中間・期末）事業者に対する評価を行っていた。筆者も数年間、評価委員を務めたが、支援事業者が区の方針通りに事業を進めているかどうか評価すると同時に、区の方針自体にも意見する、という複雑な立ち位置であった。2020 年 1 月には達成率が低く現実的でない項目を外して「地域活動協議会の状況を客観的に把握するためのガイドライン」が作成され、2020 年度からは第三者評価を廃止して、区内部で年 2 回の状況把握と評価が行うかたちになっている。

一見すると、適宜、中間支援組織の力を借りつつ、システマチックに地活協の自律を進めている大阪市方式ではあるが、2012年度の市の方針が「まずは設立」だったため、地域カルテの作成・共有や将来ビジョンの策定・共有といったプロセスを経ないまま設立を急いだ組織が多い。リーダーが交代すれば一気に活動が停滞する恐れもあり、運営やつながりのサポートと並行して、基盤固めの作業を行う必要がある。制度導入から10年を超えた今からが"正念場"かもしれない。中間支援組織やアドバイザーだけでなく行政職員も責任を持って関わることが重要である。

### ②一般財団法人明石コミュニティ創造協会

　兵庫県明石市は2020年国勢調査で初めて人口が30万人を超え、中核市ではトップの増加ぶりが注目を浴びている。1970年代からコミュニティ政策に取り組み、市内すべての小学校（28校）と中学校（13校）の敷地内等にコミュニティセンター（コミセン）が整備されてきたが、趣味や教養、スポーツの場というイメージが強かった。地域自治を意識した政策としては「明石市自治基本条例」（2010年）に協働のまちづくりの一環として「協働のまちづくり推進組織（以下、まち推）」が位置付けられ[20]、2016年度から施行された「明石市協働のまちづくり推進条例」で、組織の認定やまちづくり計画、地域交付金等の規定等とともに、中間支援組織の役割も明記された[21]。

　（一財）明石コミュニティ創造協会（以下、コミ創）は2012年度、市の外郭団体として発足。「市民参画のプロデュース」をミッションに掲げ、当初から市の派遣職員らに加えて、近隣市に本部を置くNPO法人から2人のスタッフが参画していた（うち1人は2018年度より常務理事兼事務局長）。2014年度からまち推の地域事務局の支援を始め、2017年度からは生涯学習、男女共同参画、市民活動支援の3つのセンター機能を併せ持つ複合型交流拠点「ウィズあかし」の指定管理者となるなど、常勤・非常勤合わせて30人以上のスタッフを抱える。うち地域自治支援にかかわっているのは5人で、市民活動の支援等で経験を積み、いざ地域に入る

際は事前にロールプレイを行うなど、話し合いを促進する技法を OJT で学ぶ。複合施設を管理する強みを生かして、明石の多様なイベント・地域情報のポータルサイトに「校区別地域情報」も入れ込むなど、情報発信の支援も行っている。

　明石市では兵庫県の県民交流広場事業 22) によって各種団体の長らが集まる「校区まちづくり組織」が既に形成されていた。コミ創は、その組織が、条例に基づく民主的で開放的なまち推にステップアップするための支援を、数年かけて丁寧に行ってきたという。女性や個人有志が参加しやすい体制づくりや事務局機能の強化、まちづくり計画の策定過程で多様な意見を反映させるためのアンケート調査やワークショップの進行といった個別の支援を各地で実施。役員向けに組織運営の手引書を発行し、バージョンアップを重ねる一方で、より幅広い層を対象とした『地域づくりを支援する人のためのケースブック』も作成した。2018 年度からは、全国から研究者や実践者を招いた合同研修会「ジチラボ」を不定期に開催。第 7 章の雲南市で紹介されている小規模多機能自治推進ネットワーク会議主催の連続オンライン勉強会も、ウィズあかしに多くのまち推関係者を集めて参加するなど、積極的に研修や交流の機会も設けている。

　課題としては、ミニ宅地開発や市の積極的な子育て支援施策による人口増で地域の様相が変わりつつある中、協働のまちづくりをどのように浸透させていくか、そしてまち推などが主体となるまちづくり活動を、生涯学習や地域福祉とどう連動させていくかだろう。


## (4) 中間支援組織の可能性と課題

　地域自治システムの導入は、多くの場合、首長のトップダウンによって決まる。逆に言うと「住民からの発意ではない」ということだ。促進する側の行政が直接支援を行うと、住民が「やらされ感」を感じたり、行政依存が抜けなかったり、ほかの政策課題が持ち出されて地域担当職員との関係がぎくしゃくすることもありがちだ。そこに第三者の中間支援組織が入

ることで、住民側が地域の可能性や課題に気づき、自治協の意義や望ましい運営について自ら考えるように変わりうる。

　とはいえ、中間団体による支援は（行政による支援と同様）属人的なスキルに左右されることが多く、自治協の自律に向けた支援ができる人材をどのように育てるかが大きな課題である。即戦力として「地域おこし協力隊」やその OB・OG、NPO センターのスタッフ経験者らの起用が考えられるが、長期的には幅広い人材を確保する必要がある。2020 年度から兵庫県内で複数の自治体で中間支援を行うコンサルタントらが「地域自治組織を支援する人のための講座（ムララボ）」を企画・運営し、手法とともに地域に向き合う姿勢や介入のタイミング等を伝えようとしている。このような取組みが各地に広がることを期待したい。

　安定した支援を行うには、自治体と中間支援組織とがどのような契約を結ぶかも重要である。年度ごとに公募・選定を行っていたのでは、腰を据えた支援がしづらい。その点、（公財）草津市コミュニティ事業団は 2014 年 7 月に、市から草津市協働のまちづくり条例に基づく「中間支援組織」に指定され、運営の相談に乗るだけでなく会計・税務・労務、ホームページの運営サポート等を安定して行うことができている。

　行政側の都合で単年度契約しかできない場合であっても、行政職員と比べてそん色ない人件費を計上しないと、優れた人材が得られないのは自明の理である。中間支援組織の活用は、自治協対応を「丸投げ」することではないし、各組織に行政が決めた書式どおりの報告書や会計書類を提出させるための便利屋扱いすることでもない。行政と中間支援組織とが、持続可能なまちづくりのためにどのような自治協が求められるのかの共通認識を持ち、対等な立場で議論できる体制こそが重要なのである。

（相川康子）

注
1) 地域コミュニティが対処すべき課題の増加として、高齢者の世話や育児の相互扶助、防犯・防災、退職後の生きがい等のニーズ、高齢者の孤独死やニートの問題、効率的な担い手による公共サービスの提供などを挙げ、これらに対応できるコミュニティづくりが必要としてい

る（国民生活審議会報告書『コミュニティの再興と市民活動の展開』、2005年）。

2)『公共哲学 7 中間集団が拓く公共性』（佐々木毅・金泰昌編、東京大学出版会、2003年）、「総合討論Ⅲ」での今田高俊の基調報告より。

3)「初動期」「準備期」「設立初期」という段階に応じた支援のポイントについては、『地域自治システム調査研究報告書』（2011年2月、豊中市）に負うところが多い。これを元に、時点修正と全国事例等を加味してまとめ、さらに「安定期」「見直し期」での支援のあり方については新たに考え方をまとめた。

4)『地域運営組織の形成及び持続的な運営に関する調査研究報告書』（総務省地域力創造グループ地域振興室、2017年）より。

5)『コミュニティ再生のための地域自治のしくみと実践』（中川幾郎編、学芸出版社、2011年）、第3章「地域分権から地域自治へ」（中川幾郎）より。

6)『コミュニティ再生のための地域自治のしくみと実践』（中川幾郎編、学芸出版社、2011年）、第1章「わが国のコミュニティ政策の流れ」（玉野和志）より。

7)「ある・あるべき・できる」の明確化と統合は、山脇直司『公共哲学とは何か』（ちくま新書、2004年）、および同「グローカル公共哲学の構想」（佐々木毅・金泰昌編『公共哲学第10巻』東京大学出版会、2002年）より。

8) 豊中市コミュニティ政策課が毎年編纂。報告書では、テーマ型・地縁型すべての活動の支援・協働の取組みを一覧化して公表している。

9) 田中逸郎2011：「都市型自治体における地域自治」『コミュティ再生のための地域自治の仕組みと実践』（学芸出版社）。田中逸郎2019：「地域コミュニティの変遷と再構築の視点」『コミュニティ政策17』（コミュニティ政策学会、東信堂）。

10) 新興住宅地の「千里地域（7小学校区）：65.1%」、旧村町で構成されている「北部地域（14小学校区）：37.8%、中部地域（14小学校区）：33.8%」（田中2019）。

11)「豊中市における地域コミュニティ組織に関する基礎調査」（1999年、豊中市政研究所）、「地域コミュニティ構築に向けた基礎調査Ⅰ・Ⅱ」（2005年、2006年、豊中市政研究所）。この他「市民活動団体の実態調査」（2014年、NPO政策研究所・豊中市コミュニティ政策室）も参考にした。

12)「豊中市コミュニティ基本方針」（2009年、豊中市コミュニティ政策室）。

13) 有識者会議（座長：小田切徳美 明治大学農学部教授）の最終報告では、地域運営組織が課題解決のための事業を行うにあたり企業経営ノウハウ等の高度な知識が必要となる場面があるとして、民間の中間支援組織による経営コンサルタント機能や地域運営組織の事務局員等への研修機能が重要としている。

14) 大枠は先の平松市政で構想され4区7地域でモデル実施も始まっていたが、橋下市政で一気に全域で設立を図った。「おおむね小学校区を範囲として、地域団体やNPO、企業など地域のまちづくりに関するいろいろな団体が集まり、話し合い、協力しながら、さまざまな分野における地域課題の解決やまちづくりに取り組んでいくための仕組み」と定義されている（大阪市HPより）

15) 準行政機能について、大阪市は「行政の代わりという意味ではありません」「特定の活動テーマだけでなく、地域内の現状を包括的に見て、足りない活動テーマを補完（カバー）する」と説明しており、この機能を果たすことを前提に、運営補助やみなし人件費、内容を指定しない柔軟な活動補助といった特例を認めているという。

16) 2012、13年度の2カ年計で約9億8800万円。翌2014年度は24区計で4億2000万円だったが、2021年度は3億4000万円程度に減少している。

17)「地域づくりアドバイザー」と称する区もあり、会計年度職員として雇用している。2021
年度は北区、東淀川区、旭区、西成区の4区が該当し、計画的に切り替えた区もあれば、
事業者募集に応募がなかったためやむなく、の区もある。

18) 以前から地域支援を行っていた（一財）大阪市コミュニティ協会や社会福祉協議会のほか
株式会社や有限会社、NPO法人、公益財団法人（やそれらの共同事業体）など。初期は複
数が競合していたが、導入5年目あたりから単独の事業者しか応募しないケースが増えた。

19) Ⅰ.地域課題への取組、Ⅱ.つながりの拡充、Ⅲ.組織運営の3項目においてめざす状態が
実現されるよう、取組（イメージ）として9項目の課題・取組を設定。例えばⅢでは＜議
決機関の適正な運営＞＜会計事務の適正な執行＞＜多様な媒体による広報活動＞を挙げて
いる。さらにそれぞれ3～8項目の基準をステージ1～3に振り分け、どのステージにい
るかを評価できるようにした。年度当初に「ステージ1を○団体達成、2を△団体達成」
などの目標を決め、その達成度は中間支援組織自体を評価する材料とされていた。

20) 協働のまちづくり推進組織は、市民が地域の多岐にわたる課題に総合的に対応するため設
立する組織で、小学校区のまちづくりを担い、小学校区コミセンに拠点を置く。「民主的で
開かれた運営を行い、地域での組織づくり及び活動に当たっては、地縁による団体その他
各種団体間の連携、協力に努めるものとする」とされる。

21) 同条例第11条。逐条解説には「地域活動の活性化と効率的な運営並びに地域間の差の解消
を図るには中間支援組織による外部からの支援が効果的」とされ、中間支援組織に期待さ
れる役割を「交流・活動支援、情報共有、相談対応、人材育成などを行うことで、協働の
まちづくり推進組織や地縁による団体、分野型市民活動団体など市民活動団体が抱える課
題を解決する役割」「市と市民を繋ぐだけでなく、市民同士を繋いでいくことで、まちづく
りの課題のより効果的な解決をコーディネートしていく役割」と記述している。

22) 兵庫県が2004～17年度にわたり、おおむね小学校区単位の地域活動を推進するため、拠
点整備費1000万円＋活動助成費（5年間で300万円）を補助した事業。県内727地区が
対象となり、明石市でもその受け皿として校区まちづくり組織が結成された。

# 第Ⅲ部

## 実践に学ぶ

第**7**章

# 地域自治のさまざまなかたち

田中逸郎

　本章では、各地で取り組まれている先進事例のなかから、地域自治システムの現状や課題、到達点、あるいは今後の方向性を示唆する取組みをピックアップして紹介する。もとより自治体規模や地域特性の異なる全国の事例を網羅し紹介することは不可能であることから、第4章〜第6章においてさまざまな実践事例を俯瞰し、それらをもとに概要をまとめている。

　ここでは、こうした作業を通して出会った取組みの中から、自治協活動のさまざまなスタイルや全国で広がる小規模多機能自治の事例、活動の継承と世代交代を見据えた新たな地域人材発掘の取組み、包摂のコミュニティづくりをめざす多文化共生の事例を取り上げた。それぞれ団体の概要や連絡先等をカルテにしているので、参考にしていただきたい。

事例 1

# 学校統廃合とコミュニティ活動
―宝塚市中山台コミュニティ

# 飯室裕文

中山台ニュータウンは開発後約50年経つ。1991年に「宝塚市中山台コミュニティ」が発足し、現在のスタイルになったのが1999年、2021年でちょうど30年になった。この間、宝塚市のコミュニティ政策の転換により、さまざまな活動の変化があったが、現在地域内では住民がつくったNPO法人が高齢者の生活支援などの新たな活動を始めている。今後とも、状況の変化に対応しながら、住民ニーズに合ったコミュニティ活動を展開する必要があるだろう。

2022年4月からは小学校の統合により小学校が一つになるので、中山台コミュニティは変わらないが「中山台小学校区のまちづくり協議会」となる。この小学校統廃合をめぐる問題に気持ちを新たに地域課題にチャレンジしている現状を紹介する。

## (1) 教育環境適性化検討委員会の設置

中山台ニュータウンに住民が住み始めて約50年。ニュータウンに2つある小学校のうち、中山桜台小学校は児童数のピークが1981年に1018名だったが、2021年には410人（ピーク時の40%）に。中山五月台小学校は児童数のピークは1986年に1149名、2021年には102人（ピーク時の9%）となり、両校合わせるとピーク時の約24%まで減少した。また、中山五月台中学校もピーク時の25%になっており、児童や生徒数が減少している。この状況で、子どもの教育環境をどうするのかが大きなテーマになった。

宝塚市から、中山台ニュータウンの市立の幼稚園1園、小学校2校・中学校の1校について児童・生徒数の減少に伴う教育環境の変化に今後

どう対応するか、中山台コミュニティに地域で話し合うよう働きかけがあった。そこで、地域の住民は2016年10月に「中山台地区教育環境適性化検討委員会」（以下、検討委員会）を設置した。

　検討委員会では、最初の会議で論議の方向性として「子どもにとって何が一番良い解決策なのかを第一に考え、大人の都合は二の次にする」ことを確認した。この確認は、その後ともするとぶれがちな論議の修正に役立った。

## （2）検討委員会の主役は市民、行政はサポート役

　検討委員会には、中山台コミュニティ、自治会、PTA、子育て団体、民生児童委員などが集まり、学校長・園長もオブザーバーとして参加した。検討委員会や後に設置された学校統合準備会（以下、統合準備会）は、住民が主体になり会議や取組みを進めた。教育委員会は事務局として住民の会議をサポートしている。

　検討委員会が開催した保護者や住民に対する説明会でも、主催は検討委員会とし、司会も運営も教育委員会ではなく検討委員会で行った。説明会に参加した住民からは市に対して要望する意見もあったが、参加者の意見は検討委員会や統合準備会に持ち帰り論議を進めた。

　検討委員会はアンケートや説明会などを重ねて1年半後の2018年3月に、

①中山五月台幼稚園の廃園

②中山桜台小学校と中山五月台小学校は統合

③中山五月台中学校は、校区の変更ではなく、隣接する中学校区から弾力的運用を検討する

という結論と、付帯意見として、

①統合に向けた事前準備をしっかりすること

②統合後の跡地、跡施設利用の検討を

③将来、小中一貫校の導入に向けて具体的に検討を

④幼稚園の廃園はやむを得ないが、希望者は近くの市立幼稚園に通える方策を検討すること

などを意見書として取りまとめ、市に提出した。

　市は意見書を元に具体的な計画を策定し、検討委員会は統合準備会を設置し具体的な検討を始めた。また、課題の一つである中山五月台中学校は、校区の変更や拡大ではなく隣接する校区内の地域を限定して、希望者は中山五月台中学校に通学できるという弾力的運用をすることになった（中山五月台中学校は吹奏楽部の活動が活発で毎年全国大会などに出場している）。

## （3）両校を閉校にして、新しい小学校を開校する

　2019年5月、小学校の統合を検討するため検討委員会に付属する統合準備会と、6つの部会を設置し、統合について具体的な論議を進めることになった。

　統合は、両校の子どもの気持ちを考え、規模の大きい中山桜台小学校に中山五月台小学校を吸収、統合するのではなく、両校とも閉校とし現中山桜台小学校の場所、施設に新しい小学校を開校することになった。

　また、子どもたちがワクワクするような気持ちになって、ニコニコ笑顔でその日を迎えられるようにと、プロジェクト名を「わくわく！ニコニコ！みんなの学校づくり大作戦」とした。論議の経過は統合準備会が「統合だより」を発行し、保護者や地域に配布している。

　統合準備会は、検討委員会の委員を中心に6つの部会
①総務部会（学校名、校旗、校歌、閉校・開校式など）
②教務部会（教育目標、交流事業など）
③事務部会（学校予算、図書、教材など）
④地域・PTA部会（通学路、PTA組織など）
⑤社会体育団体部会（社会教育団体の運営など）
⑥児童育成会部会（児童育成会の運営）

をつくり、それぞれの部会で準備を進めた。例えば、教務部会や事務部会
は、小学校長と教師だけで進めているが、統合準備会の部会と一つになっ
ている。

　部会は、それぞれのテーマについて部会ごとに論議を進め、各部会の取
組みは各部会に任せて他の部会は口出ししないことにした。統合準備会は、
まとめと調整を行うこととした。

### （4）新学校名は児童の意見を尊重

　新学校名は、多くの人たちが参加できるようにするために、中山台コミ
ュニティ地域の住民、小学校、中学校、幼稚園の園児・児童・生徒・卒業
生、保護者はじめ、以前中山台ニュータウンに住んでいた方、また教職員
など広範囲の人たちが参加するアンケートを実施し、最終的に両小学校児
童の意見を尊重して「中山台小学校」に決定。新しい小学校になるので、
校歌、校章はニュータウンに勤務経験のある元教員の方に依頼してつくっ
た。

　2021年4月開校を目処に準備を進めたが、新型コロナウイルス感染症
の影響で準備が滞り、結局、当初予定より1年延ばし2022年4月開校と
なった。

　中山台ニュータウンは、昔は里山として利用されていた長尾山山系の中
山（標高478m）の南斜面に位置しており、中山台小学校は大阪平野を一
望できる豊かな自然に包まれた小学校である。ニュータウンの周囲は、中
山台コミュニティなどが環境整備に関わっていることもあり、環境省から
「中山台のまち山」と認定され、また、市は中山台小学校の西に隣接して「宝
っ子ゆめの森」（97ヘクタール）を小学校の自然環境教育用に用意し、利
用されている。

　統合委員会は継続され、公立小中一貫校の設置など残りのテーマを本格
的に進めることになっている。

なお、宝塚市全体の動きであるが、2021年4月に「まちづくり推進条例」が施行された。まちづくり協議会の定義やその活動、市との関係などを規定し、20のまちづくり協議会がつくる「地域ごとのまちづくり計画」は市の総合計画に関連させることなども盛り込まれた。これに関連して、2021年4月から開始された宝塚市第6次総合計画にも、初めて、まちづくり協議会がつくる「地域ごとのまちづくり計画」が盛り込まれた。

　本稿では、小学校統廃合をめぐるまちづくり協議会の取組みを紹介した。中山台ニュータウンに初期に入居しまちを支えてきた住民は、後期高齢者になってきた。今後は、ほぼ70歳まで働く社会に変わってきた中、人材の確保と、教育環境をはじめ変化する課題をコミュニティのまちづくり計画にどう具体的に反映し、実行するかが大きな課題になっている。

団体カルテ

| 団体名 | 宝塚市中山台コミュニティ | |
|---|---|---|
| 設立<br>(活動開始)<br>時期 | 1991 (平成3) 年9月 | |
| 問合せ先 | 中山台コミュニティセンター (コミュニティ専用電話なし) | |
| 組織運営<br>体制 | 事務局体制 | 事務局はなく、総務部長、会計を置いている |
| | 事業実施体制 | ・会則以外に付属書として「運営マニュアル」がある<br>・3つの組織：①議決機関として「評議委員会」(評議委員<br>　総会、常任評議会)、②執行機関として「運営委員会」、③<br>　コミュニティセンター運営のために「コミセン管理委員<br>　会」で構成<br>・総会は年1回、常任評議会、運営委員会が毎月1回 |
| | 拠点施設の<br>有無、概要 | コミュニティセンターにコミュニティの事務室を確保、活動<br>は主にコミュニティセンターで行う |
| 予算・収入 | 事業・寄付収入等の<br>概要 | コミュニティの予算と具体的な事業の収入などで運営して<br>いる。10の活動部会は独自に予算を持っている。 |
| | 交付金・助成金の有<br>無、内容 | ・市からまちづくり協議会助成金 (約68万円)<br>・12自治会分担金 (約39万円、年間1戸100円)<br>・社協から福祉活動助成金 (約26万円) |
| 主な事業 | 自主事業<br>(事業名・内容等) | ・10の活動部会 (複数の活動団体で構成) 事業が主体。<br>・主な活動：福祉、緑化、文化、学習、防災、子ども |
| | 受託事業<br>(事業名・内容等) | ・市立図書館中山台分室を業務受託 (委託料約500万円)、<br>　住民から図書館司書資格者を5人雇用、管理は「コミセン<br>　管理委員会」 |
| | 指定管理事業の有<br>無・内容等 | ・中山台コミュニティセンターの管理事業を指定管理者とし<br>　て受託：指定管理料1100万円 (職員は住民から7人雇用、<br>　「管理はコミセン管理委員会」)<br>・市の第6ブロック内に3館ある市立子ども館を、中山台コミ<br>　ュニティを含め山本山手コミュニティ、コミュニティひばり<br>　の3つのまちづくり協議会で「子ども館協議会」を設置、子<br>　ども館協議会が指定管理者として受託：2200万円 (地域<br>　住民から19人の職員を雇用) |
| 支援・協働<br>の有無 | 行政 (地域担当職員<br>等) 活動 | ・担当課から職員一人が調整役として会議に参加。<br>・まちづくり計画の調整のために室長級の職員1名が配置さ<br>　れている。 |
| | 中間組織・民間等 | 特になし |
| その他 | 活動継続の<br>取組み・工夫 | 主に活動部会に参加している活動団体の自主性に任せてい<br>る。調整等は毎月の運営委員会、常任評議会で行う。 |
| | 後継者育成の<br>取組み・工夫 | 活動者の世代交代がこれからの大きな課題 |
| | その他、特記事項 | 特になし |

事例2

# 住民の能力を引き出し、地域の課題に事業でこたえる
―鳥取県南部町東西町地域振興協議会

## 相川康子

### (1) 南部町の地域振興協議会について

　鳥取県南部町は2004年10月、県西部の西伯町と会見町の2町合併でできた町である。面積は約114km²、全域が環境省の「生物多様性保全上重要な里地里山」に選ばれている。合併時に約1万2272人いた人口は、2022年4月末で1万389人になり、高齢化率は38％を超えた。

　合併を機に住民自治のあり方の検討を進め、区長経験者へのヒアリングや計180回にも上る住民への説明会・懇談会、さらに「地域自治組織検討委員会」への諮問と答申など3年に及ぶ議論を経て、2007年3月に「南部町地域振興区の設置等に関する条例」を制定した。この検討の中で「地域自治組織」という名称を「地域振興協議会」に変更している。2006年度から各地区2～3人の職員を地域自治組織準備主任に任命し、2007年度からは運営支援のため配置したこともあり、同年7月までに、町内7地区すべてで地域振興協議会が設立された。支援職員は第1期の地域づくり計画を策定した後、2010年度から段階的に引き上げられたが、代替として2名の事務局員を協議会が雇用し、町がその人を集落支援員に委嘱して、人件費を負担するかたちを採っている。会長・副会長は当初から非常勤特別職として町から辞令を交付されており、任期は3年、再任は妨げない。

　現在は、町企画政策課に「地域振興協議会サポートスタッフ」（非常勤）が1人配置されて、1協議会あたり毎年800～900万円（2021年度は総額6076万3000円）の地域振興交付金を渡しているほか、別財源で町施設の指定管理料を出している。1つの協議会には4～27集落があり、集落代表は議決権を持つ評議委員などの形で協議会にかかわっている。

地域振興協議会の活動の基本は行政との協働で、住民自身による安全安心なまちづくりや地域課題の解決、町民の意見集約と調整などの役割が期待されている。協議会では自力で第2期、第3期の地域づくり計画を策定し、地域の事情に応じて、高齢者への配食サービスや共助交通システムの導入と運行、特産品の開発と商品化、農業体験を通じた世代間交流、不法投棄防止の環境パトロールなどを行っている。

## （2）東西町地域振興協議会の活動概要

　緑豊かな地域が多い南部町だが、東西町は隣接する米子市のベッドタウンとして、1970年代から斜面を造成して宅地開発した“ニュータウン”で、ほかの地区とは様相が異なる。1971年に8世帯（28人）で自治会が発足し、15年程で人口が1000人を超えた。1984年にはコミュニティセンターが、さらに翌年には地区公民館が設立され「住みよい町・子ども達のふる里づくり」を掲げて、盆踊りや運動会、のど自慢大会、遠足などの交流行事が盛んに行われてきた。公民館には主事が常駐し、当初は自治会長が館長を兼ねていたことから「生活に密着した事業は自治会が担い、生涯学習やふれあい事業は公民館が担う」という両輪体制ができていった。

　同地区には2021年度末時点で465世帯、1116人が暮らしている。高齢化が進み、地域内に複数あった商店は閉鎖してしまったが、ボランティア活動として野菜市（月2）やリユース品の販売を行う「わくわくショップ」（月1）が開かれている。ここ最近は防災や福祉のまちづくりで全国的に有名になったこともあってか、移住者が増えつつあるという。

　東西町でも町の方針を受けて、2007年7月に自治会、公民館、各種団体が一本化して「東西町地域振興協議会」が設立された。当初は自治会（総務、事業）と公民館（文化、体育）の活動を引き継ぎ、さらに福祉と広報の部会を加えた6部会でスタートしたが、その後、5回にわたって組織を改編し、現在は3つの部（町づくり、人づくり、福祉）と事務局主体業務、放課後児童クラブ、コミュニティホームの運営という多彩な事業を行うの

に適した体制を採っている（図1）。

　従来から自治会や公民館が行っていた事業を引き継ぐとともに、課題解決型の事業にも取り組み、発足の翌年度にはさっそく「地域支え合いマップ」を作成。2010 年度には、自分たちで地区内の坂道に、手摺にもなる転落防止用のガードパイプを据え付ける「ジゲの道プロジェクト」（写真1）を実施し、以前から自治会が行ってきた「不在地主草刈り委託事業（土地の所有者を調べ、手数料をもらって草刈りを実施）」も協議会が引き継いだ。行っている事業が多岐に渡るため、会計を6つに分けており、会計や会計監査はそれぞれ2人で行っている。

## （3）活動のポイント

### ①社会教育の理念を大切に

　ニュータウンの開発当時から移り住んだ人もいれば、最近越してきた住民も混在しているが、「昨日入居した方も、数十年前に入居した方も対等」「年長者だからと言って威張らない」「だれでも対等に発言と活動ができる」ことを地区の"風土"とするよう努めてきたという。公民館の主事だった女性（協議会発足後に社会教育主事資格を取得）が協議会事務局を長年務めていたり、歴代の会長には元公民館長だった人がいたりで、活動の根底には社会教育の理念が息づいている。例えば「人づくり部」では 2021 年度の活動方針の1つに「ジェンダー平等の推進と、多様性を認め合うことのできる仲間づくりを目指します」を掲げている。

　多様な人が参集した"ニュータウン"なので、さまざまな経歴やスキルを持った住民がいることも強みといえる。企業経営的な手法〜例えば手順のマニュアル化や書式の統一、マップやグラフによる課題の可視化など〜を協議会の活動にも取り入れ、地域づくり計画に事業の実施主体や時期まで書き込んで PDCA サイクルを回している。ニーズに応じて新規事業を増やす一方で、住民負担が大きかった「分別ごみの立ち当番」は、環境美化カメラの設置などの工夫により廃止に踏み切った。坂道で手摺代わりに

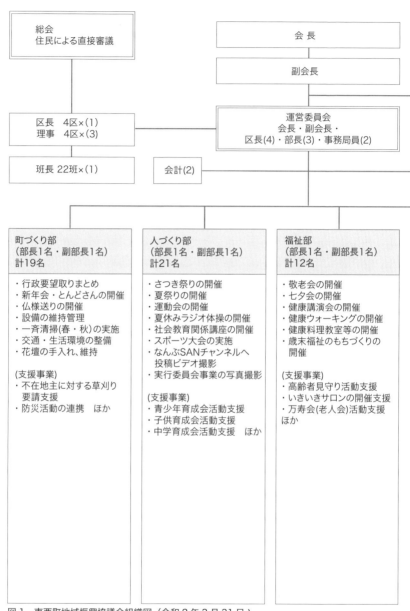

| 総会<br>住民による直接審議 | | 会　長 |
| 区長　4区×(1)<br>理事　4区×(3) | | 副会長 |
| 班長　22班×(1) | 会計(2) | 運営委員会<br>会長・副会長・<br>区長(4)・部長(3)・事務局員(2) |

**町づくり部**
(部長1名・副部長1名)
計19名

・行政要望取りまとめ
・新年会・とんどさんの開催
・仏様送りの開催
・設備の維持管理
・一斉清掃(春・秋)の実施
・交通・生活環境の整備
・花壇の手入れ、維持

(支援事業)
・不在地主に対する草刈り
　要請支援
・防災活動の連携　ほか

**人づくり部**
(部長1名・副部長1名)
計21名

・さつき祭りの開催
・夏祭りの開催
・運動会の開催
・夏休みラジオ体操の開催
・社会教育関係講座の開催
・スポーツ大会の実施
・なんぶSANチャンネルへ
　投稿ビデオ撮影
・実行委員会事業の写真撮影

(支援事業)
・青少年育成会活動支援
・子供育成会活動支援
・中学育成会活動支援　ほか

**福祉部**
(部長1名・副部長1名)
計12名

・敬老会の開催
・七夕会の開催
・健康講演会の開催
・健康ウォーキングの開催
・健康料理教室等の開催
・歳末福祉のもちづくりの
　開催

(支援事業)
・高齢者見守り活動支援
・いきいきサロンの開催支援
・万寿会(老人会)活動支援
ほか

図1　東西町地域振興協議会組織図（令和2年3月31日）

| 区長・班長 |
|---|
| ・行政文書の配布<br>・花壇の手入れ、維持<br>・会費徴収、寄付金集め等<br>・区のとりまとめ<br>・区会の開催<br>・班のとりまとめ<br>・班会の開催　ほか |

事務局員(2)

監事(2)

| 事務局主体業務 | 放課後児童クラブ運営 | 西町の郷運営 |
|---|---|---|
| ・行政文書の配布<br>・防犯灯の設置、維持管理<br>・青パト防犯パトロール<br>・学童下校時の定時屋外放送<br>・「町ぴかぴか運動」<br>・協議会案内板の整備<br>・運営委員会の開催<br>・通常総会の開催<br>・新年度区長・班長会の開催<br>・人権学習の推進<br>・行政要望とりまとめ・<br>　町提出<br>・防災活動の実施<br>・コミュニティセンター大掃除<br>・利用者会議の開催<br>・施設の維持管理<br>・ペットマナーの徹底<br>・なんぶSANチャンネルへの<br>　ビデオ投稿<br>・協議会活動の広報<br>・協議会報の発行(毎月)<br>・広報なんぶへの投稿<br>・ホームページへの掲載<br><br>(支援事業)<br>・わくわくショップ支援<br>・野菜市支援<br>・山茶花の会支援　ほか | ・児童クラブ運営・管理<br>・児童クラブ運営委員会<br>・児童クラブ説明会<br>・施設の管理　ほか | ・西町の郷の管理・運営<br>・サポートスタッフ、送迎<br>　ボランティアの調整<br>・施設の管理　ほか |

なるガードパイプ（写真 1）や看板
の設置、停止線等道路標示の点検補
修といったハード面の事業も自前で
行うことができ、福祉や防災の事業
では、看護や介護の心得のある住民
が力を貸してくれるという。

　地域内だけでなく外部の人材を活
かすのも上手で、第 3 期地域づくり
計画は、鳥取大学地域学部の協力を
得て、綿密なアンケート調査を行い
つつ策定した。

## ②防災の取り組み

写真 1　ジゲの道プロジェクト

　2011 年の東日本大震災の翌日、事
務局で昼間の災害にどう対応するかを話し合い、わずか一週間で、退職し
た人や主婦ら平日の日中に地域にいる人を中心に「安否確認協力委員」を
組織化した。その年の台風 12 号では、町が避難勧告を発令するより前に
避難を呼びかけて回り、いち早く開設した避難所（コミュニティセンター）
では看護師の資格を持つなどの住民ボランティアが待機して、約 160 人
の避難者を迎え入れたという。

　その後も、要配慮者と避難経路を記載した避難支援マップを作成し、地
区の 4 ヶ所に防災庫を設置するなど、少しずつ体勢を充実させ、2015 年
には第 19 回消防庁まちづくり大賞の消防庁長官賞を受賞した。当時の協
議会会長として地域防災や福祉との連携を進めてきた原和正さんは、現在、
鳥取県の自主防災活動アドバイザーとして各地で研修講師を務めている。
今も毎年、防災訓練を実施し、避難ルートの見直しや土のう積みの訓練等
を行い、実施後は反省会やワークショップを開いて課題の洗い出しを行っ
ている。

### ③「西町の郷」の運営

　協議会設立当初から、高齢者の見守りを続けてきたが、1970年代の入居者の中には高齢で一人暮らしとなる人が増えてきた。「住み慣れた地域でずっと暮らしたい」という要望に応え、2013年から高台の空き家を活用してコミュニティホーム「西町の郷」を運営している。これは鳥取県が全国に先駆けて実施した「在宅」と「施設」の良さを併せ持つ「第三の住まい」のモデル事業で、施設の改修費1000万円と3年間の運営補助費（200万円ずつ、県が2／3、町が1／3）が出た。

　現在は週3日開設され、利用者は年間登録料3000円を払えば、1日300円（食事をする場合はほかに実費負担）で利用でき、仲間と体操や手芸をしたり、お昼ご飯を作って食べたりと楽しく過ごす（写真2）。支えるスタッフも住民ボランティアで、西町の郷を利用する前から顔見知りという人も多く、和気あいあいとした雰囲気だ。送迎用の車も、寄付金や視察の謝礼を原資にして協議会で購入した。現在は日中だけだが、ニーズに応じて短期の宿泊などもできるようになっている。

　東西町のような"かつてのニュータウン"は全国に点在し、高齢化や利便施設の閉鎖に悩んでいる。しかし長年「ふる里づくり」や公民館活動に取り組んできた地域には「（定年後も）スキルを活かし地域の役に立ちたい」という人材が大勢いるのではないか。この事例からは、そういった人材の活かし方や、事務局と「部」、施設運営チームの機動的な役割分担について学ぶことができよう。

写真2　西町の郷で健康体操をする利用者たち

団体カルテ

| 団体名 | 東西町地域振興協議会 | |
|---|---|---|
| 設立<br>（活動開始）<br>時期 | 2007（平成19）年7月 | |
| 問合せ先 | 〒683-0301　鳥取県西伯郡南部町東町62<br>電話兼ファクス：0859-66-4724　メール：tozaicho@yahoo.co.jp | |
| 組織運営<br>体制 | 事務局体制<br>（会計機能含む） | 事務局員2人（常勤）、会計2人 |
| | 事業実施体制 | ・運営委員会（会長・副会長、区長4人、部長3人、事務局員2人）<br>・3つ（町づくり・人づくり・福祉）の部活動のほかに事務局主体業務、放課後児童クラブ運営、西町の郷運営 |
| | 拠点施設の有無、<br>概要 | ・複数あり。在宅生活支援ハウス「つどい」内に事務所を構える。東西町コミュニティセンターを指定管理者として運営（2011年度から）。コミュニティホーム「西町の郷」（住民から空き家を貸与）を自主運営（2013年6月から） |
| 予算・収入 | 事業・寄付収入等の<br>概要 | ・2021（令和3）年度時点で会計区分は6つ（一般会計、財産取得・防火水槽設置基金会計、交付金特別会計、指定管理会計、児童クラブ会計、コミュニティホーム「西町の郷」会計）あり合計約2987万円<br>・寄付は夏祭りの寄付金など |
| | 交付金・助成金の有<br>無、内容 | ・町からの（協議会活動）支援交付金（約833万円）<br>・放課後児童クラブへの町補助金（約400万円）<br>・西町の郷への町補助金（約100万円）<br>・社協からの助成金（約19万円） |
| 主な事業 | 自主事業<br>（事業名・内容等） | ・あり<br>・コミュニティホーム「西町の郷」の運営、青色パトロール、不在地主草刈り委託事業　など |
| | 受託事業<br>（事業名・内容等） | ・東西コミュニティセンター管理（町から）<br>・放課後児童クラブの運営（町から） |
| | 指定管理事業の有<br>無・内容等 | ・あり<br>・コミュニティセンター（約109万円） |
| 支援・協働の<br>有無 | 行政（地域担当職員<br>等）活動 | 設立時点で各協議会2人の支援職員。現在は町役場に1人のサポートスタッフ |
| | 中間組織・民間等 | 鳥取大学の地域学部が第3期の地域づくり計画の策定協力（アンケートの実施と分析、検討委員会へ参加しアドバイス） |
| その他 | 活動継続の取組み・<br>工夫 | ・組織体制の見直し（事業に最適な体制へ）<br>・地域づくり計画の点検、評価（課題の改善と今後の展開を検討） |
| | 後継者育成の<br>取組み・工夫 | 外注で業務の負担を減らす／住民の生涯学習活動をコーディネートする人材（社会教育士）を育成する（いずれも第3期の地域づくり計画より） |
| | その他、特記事項 | 移住者に対して「新しい仲間を迎える会」を開催 |

事例 3

# 一人ひとりの主体性を育む地域自治
―朝来市与布土地域自治協議会

## 馬袋真紀

## (1) 与布土地域自治協議会の概要

　朝来市にある与布土地域（2022 年 3 月末現在：人口 1164 人、世帯数 496 世帯、高齢化率 41.3%）は、人口減少や少子高齢化に伴い戸主のみが参加する自治会単位の地域自治の仕組みに限界を感じ、誰もが参画でき、自治会単位で対応できないことを地域全体で対応していく補完性の原則に基づいた地域づくりを進めていこうと、全住民が参加する与布土地域自治協議会（以下「与布土自治協」という）を 2007 年 6 月に設立した。これにより、今までの言わば「一戸一票制」から、年代別・性別・テーマ別等の多様な意見が集まり、合意形成がなされ、多様な人たちで地域づくりを展開するといった「一人一票制」の地域自治のしくみとなった。与布土自治協では、地域づくりの羅針盤となる「地域まちづくり計画」を策定し、それに沿ってさまざまな活動を展開している。また、適宜、住民アンケートや対話の場を持ちながら、地域まちづくり計画や組織体制等の見直しを行うなど、地域の状況等を踏まえながら柔軟な組織運営をしている。

　与布土自治協の活動拠点施設は、当初は市施設の一部を使用していたが、活動の幅を広げるために、閉店になった JA の店舗や倉庫を地域で買い上げた（与布土自治協所有）。そのために、与布土自治協は地方自治法による認可地縁団体を取得し、法人格を持つ。さらに、2020 年には、地域の重要課題である農業振興と高齢者福祉の事業をスピード感と経営感覚を備えた取組みにしていくために一般社団法人よふどの恵を設立し、与布土自治協との両輪で地域づくりを進めている。

## （2）対話を大切にした取組み

　地域づくりに携わる人が60〜70代男性と固定化していた与布土地域では、与布土自治協の設立時に女性や若い人など地域の多様な主体が参加する対話の場「座談会」を開催したことを機に、多様な人が地域づくりに参画するようになった。これは、対話の場により、地域の一人ひとりが地域の一員としての自負心を育み、主体的な活動につながったからであり、この経験は設立後においても逐次活かされている。

　例えば、農家や農業に興味のある人などが集いこれからの農業を考える座談会（2018年開催）は、新規就農者へ遊休農地や作業受託をコーディネートすることにより農業の担い手不足を解消するための仕組みを構築するなど、地域で農業を進める合意形成の対話の場になった。また、民生委員や地域ミニデイスタッフなどが集いこれからの暮らしを考える座談会（2018年開催）では、自治会ごとのノウハウを地域全体で共有するとともに、地域食堂の開設など自治会だけでは担うことが難しいことは与布土自治協での地域全体の活動につながった。さらに、この活動を担うチームづくりにもつながるなど主体形成の対話の場にもなった。

　こうした対話の場を常に重視するのは、地域での活動が活動に携わる人自身にとってやりたいと思っている活動であること（トップダウンで活動が決まるのでなく、ボトムアップで活動が決まり、やらされ感を感じず主体性が発揮できること）や、地域から必要とされている活動であること（地域の課題と重なること）が地域活動を持続させるためには重要であり、これらのことが重なるポイントを対話で見える化・共有化しているからである。

## （3）若者の主体的な活動を育む

　与布土地域は朝来市の中で2番目に高齢化率が高い地域であるが、若い人が地域活動に参画している様子は、朝来市内でも特筆しており、その理由は大きく5つある。

## ①新たな活動を育む人と人とのつながり

　与布土地域には、若い人や移住者などが気軽に集い、対話する場が定期的に開催されている。この場に参加するメンバーの中には、ファシリテーターやコーディネーターのような役割を担う人たちが複数人おり、人と人とのつながる場になったり、互いの想い（やりたいこと・得意なこと・心配なことなど）を引き出しながら人と活動等が有機的につながったりする場になっている。特に、与布土地域に生まれ育った若い人と就農や起業といった想いを持って移住してきた人がつながることで、互いに新たな気づきや学びが生まれ、ワクワク感とともに新たな活動が育まれている。

## ②開かれた組織

　対話の場や対話の場から生まれた活動には、与布土地域に住む若い人たちや与布土地域へ移住した人たちだけでなく、これらのことが面白そうだと感じた地域外の人たちも参加している。このように誰もが参加できるといった開かれた組織であることで、与布土地域に住む人たちは仲間を誘いやすく、新たな参加者が増えることにつながっている。また、与布土地域外の人たちが参加することで与布土地域に今までなかった新たな考え方やノウハウなど新たな学びを得たり、連携することで事業に専門性が生まれたりするなど、常に前進できる組織にもつながっている。

## ③共感による主体的な活動への参画

　地域活動において「〜しなければならない」（義務感）が生じた場合、使命感で行動力を維持できれば良いが、どうしても地域の活動から「楽しさ」が薄まったり、主体性がなくなったりし、地域での活動を「負担」に感じるようになる。そして、結果として地域活動から自然に遠のいてしまいがちになる。こうした活動に携わる人の感情・気持ちは、地域活動の持続可能性に大きく影響を与えるものであることを長年の活動をとおして学んできた与布土地域では、「共感」により活動を進めていくことを大切にしている。

　例えば、地域づくりでは言い出しっぺが責任を取らなければならないか

ら発言しづらいという地域もあるが、与布土地域の場合は、対話の場など
で「やりたい！」と思ったことを発言しやすくし、「やろう！」となった
ときに、その活動に共感すれば「この指とまれ！」方式で実行に移すチー
ムができあがっていく。このように、主体性や共感を大切にし、義務感で
活動に参画しなくても良いような雰囲気づくりを心掛けている。また、誰
もが仕事や子育て・介護などの家庭の事情により参加しづらい時間帯や時
期が生じたり、それぞれが持つノウハウももちろん異なったりするが、そ
れらをお互いに認めあうことで、一律に役割を求めるのではなく、できる
ときにできることをするというスタンスが浸透している。これらのことは、
活動の参加のハードルを下げるだけでなく、自分の暮らしの延長に無理な
く地域での活動を持続的に楽しめることにもつながっている。

#### ④想いの翻訳家

　前述のとおり、与布土地域の活動には若い人からご高齢の人まで、さら
には移住者や地域外の人など多様な人たちが参画しているが、ここで大切
になるのが「想いの翻訳家」の役割である。「想いの翻訳家」とは、年齢
による価値観の違いや、与布土地域に従来から住む人とそうでない人との
価値観の違いなど、さまざまな立場の違いによって生じる違いに対して、
間に入り、互いに分かる言葉で言い換えることで、それぞれの価値などに
気づきやすくなり、互いに理解が深まるきっかけとなっている。また、こ
うした役割がいることで、互いに認め合い、互いが応援しあえる関係にも
つながっている。さらに、異なる２つ価値から新たな価値が生まれるこ
とにもつながっている。なお、与布土地域では事務局職員や 30 ～ 50 代
の部会長などがその役割を自然と担っている。

#### ⑤地域の寛容性

　対話などにより新たな活動のアイデアが生まれ、活動に移されるとき、
「まずはやってみよう！」という前向きな気持ちと、「できることから始め
てみよう！」という最初から 100 点満点を狙わず動きながら考える活動
のスタイルを大切にしているからこそ、新たな活動が生まれやすい。言い

換えれば、新たなチャレンジを皆で応援しようという寛容性が地域にあるからこそ、若い人たちの主体性が発揮しやすく、地域での活動が活発になっているともいえる。

　①〜⑤まで、与布土地域で若い人の主体的な活動が育まれる理由等を紐解いてみたが、若い人の活動が活発であるからといって、若い人の活動とシニア層の活動が分断され、個々に展開されていないというのも与布土地域の活動の中で特筆すべきところである。活動内容によっては自治会など地域全体で活動する方が効果的なことは、一体的に進められている。それは、与布土自治協の地域づくりの羅針盤となる「地域まちづくり計画」があり、将来像など向かう方向性や課題を共有しているからだと言える。例えば、移住推進の活動では、地方への移住を考えている人たちが与布土地域を選択してもらうためのきっかけづくりのイベントの開催などは、若い人たちの活動がメインとなる。しかしながら、実際に移住が決定すると、空き家を探したり、空き家に住めるように掃除をしたり、地域での受け入れ体制を整えていくには、自治会をはじめ与布土地域全体での活動が不可欠となるため、情報の共有を常に図りながら、地域全体で進めている。このように、地域内で多様な主体が連携しながら活動を展開していくことで、互いの強みを理解し、地域の中で総合力を発揮しやすい関係性につながっている。

## (4) 地域の活動を応援する行政の役割
### ①地域経営のポイントの可視化と共有

　地域での活動は、日々試行錯誤であり順風満帆ではない。ただ、さまざまな課題が常に隣り合わせなのは悪いことではなく、活動そのものが前進しているからこそ新たな課題が見えているのであり、立ち止まっていては新たな課題が見えることはない。しかし、こうした活動の連続性の中において、自分たちの活動や組織の良さ・強みを客観的に分析することは難しい。特に、状況を整理し、言語化することは、専門性がないとなかなかで

きることではない。だからこそ、そうした中で、どうして課題を解決できたのか、うまく進んでいる理由は何なのかなどを分析しフィードバックする仕組みがあれば、さらに、強みを伸ばすことにもつながったり、また新たな課題に対して対応するときの注意点が見えてきたりする。こうした客観的な分析は、専門性を持つ行政が担うことができれば、当該地域だけでなく全体の知として共有でき、他の地域の活動にも活かされる。また、そのフィードバックが当該地域には、モチベーションの維持にもつながるのではないだろうか。

## ②地域づくり人材の育成と学びの支援

　地域づくり人材が地域での活動とともに自然に育まれていくとは限らない。特に、ファシリテーション力やコーディネート力を持つ人材は、地域が主体的に地域づくりを展開していくために必要不可欠であるが、こうした人材は、地域活動の実践の中で育まれることもあるが、それだけに委ねるのではなく、そのノウハウを学ぶ場を行政がつくり、地域に輩出していくことはとても重要である。また、会議の運営手法や対話の場づくりなどを習得することも同様である。

　そのほか、自治協など地域自治組織は成熟化すると、地域自治組織自らが学びたいことを整理し、学ぶ場を設け、主体的に学ぶことができるようになるが、その場合、必要に応じて行政が適切な専門家やアドバイザーなどをつなぐことができれば、学びがより充実する。

　このように、どの地域も必要な一律的な支援もあれば、地域の状況に応じて適切な支援を行う伴走型支援もあり、それを見極めながら支援ができるよう、行政も支援の進化・深化をする必要がある。

団体カルテ

| 団体名 | 与布土地域自治協議会 |
|---|---|
| 設立 (活動開始) 時期 | 2007 (平成19) 年6月19日 |
| 問合せ先 | 兵庫県朝来市山東町溝黒366-1<br>電話：079-676-3030　メール：yofudo-jichikyou@asago-net. jp |

| | | |
|---|---|---|
| 組織運営体制 | 事務局体制<br>（会計機能含む） | 事務局長1人、事務局職員3人、移住コーディネーター2人<br>※その他に一般社団法人よふどの恵に事務局長1人、与布土広域郷守会に事務局2名 (自治協事務と兼務) |
| | 事業実施体制 | ・運営委員会 (正副会長、全区長、全部会長で組織)<br>・事業部会6部会<br>・プロジェクトチーム3<br>　※与布土自治協の傘下に2組織<br>　　・一般社団法人よふどの恵　・与布土広域郷守会 |
| | 拠点施設の有無、概要 | 旧JAたじま与布土支店跡を購入 |
| 予算・収入 | 事業・寄付収入等の概要 | ・太陽光発電売電収入<br>・施設使用料 (倉庫一部貸出)<br>・指定管理料、業務委託料<br>・ふるさと小包便等農産物加工品販売収入　など |
| | 交付金・助成金の有無、内容 | ・朝来市地域自治包括交付金<br>・兵庫県地域再生大作戦補助金 |
| 主な事業 | 自主事業<br>（事業名・内容等） | ・農業振興プロジェクト (一般社団法人よふどの恵を設立し、作業受託等の事業は移行)<br>・高齢者福祉プロジェクト (地域食堂の開催など)<br>・移住推進プロジェクト (移住推進計画の策定、空き家調査、PRイベント開催など)<br>・都市農村交流事業 (農村体験交流など)<br>・自然環境保全事業 (清掃活動など)<br>・地域で子どもを育む取組 (小学生等の体験活動の開催、こども園活動の支援など)<br>・住民交流事業 (生涯スポーツ講座や運動会の開催)<br>・情報発信事業 (通信の発行、HP等の開設、ふるさと小包便の販売)<br><以下、一般社団法人よふどの恵の自主事業 (与布土自治協からの移行事業含む) ><br>・農地管理作業受託 (草刈り、耕うん等)<br>・肥料販売受託 (あさご有機の販売代理)<br>・ゆうパック事業 (ゆうパック収受)<br>・区長会、スポーツ21事務受託 |
| | 指定管理事業の有無・内容等 | ・与布土体育館などの市施設 (管理業務)<br>・福祉施設管理 (指定管理業務) |
| 支援・協働の有無 | 中間組織・民間等 | ・かじかの会 (民生委員及びOBの会で、与布土自治協の対話の場から生まれた会) 高齢者福祉支援の事業をすみやすい郷部会等と協働で事業展開している。<br>・よふど温泉との連携事業の推進 (ミニディなど) |
| その他 | 活動継続の取組み・工夫 | ・対話の場の開催<br>・組織の開放性の担保<br>・よふど通信やSNSによる活動・地域情報の発信<br>・太陽光発電による自主財源の確保 |
| | 後継者育成の取組み・工夫 | ・対話の場の開催<br>・若者の活動の支援 |
| | その他、特記事項 | ・地方自治法施行70周年記念総務大臣表彰の受賞 (2017年)<br>・過疎地域持続的発展優良事例表彰 (総務大臣賞) の受賞 (2021年) |

## 事例4
## 小規模多機能自治の広がりと法人化
## 板持周治

### （1）小規模多機能自治の広がり

　小規模多機能自治という言葉は2006年から使われ始め、その名付け親はIIHOE［人と組織と地球のための国際研究所］代表者の川北秀人さんである。2015年に結成した小規模多機能自治推進ネットワーク会議では、その定義を「自治会、町内会、区などの基礎的コミュニティの範域より広範囲の概ね小学校区などの範域において、その区域内に住み、又は活動する個人、地縁型・属性型・目的型などのあらゆる団体等により構成された地域共同体が、地域実情及び地域課題に応じて住民の福祉を増進するための取組を行うこと」としている。小規模多機能自治は「協働」を基盤とし、自治体の仕組みも含めた自治力の向上を範疇とする点において、総務省で定義されている地域運営組織（RMO）とは質的に多少異なる。

　小規模多機能自治推進ネットワーク会議の会員数は、2015年の結成時点で142（うち自治体140）であったが、2022年4月1日現在で343（うち自治体273）と6年半で自治体会員はほぼ倍増し、全ての加入自治体で取り組まれているわけではないが、全都道府県で会員が存在する（図1）。

　2021年度の総務省の全国調査では、回答した1706市区町村中、何らかの地域運営組織があるとしたのは47.7%、814自治体で前年度から12自治体増加し、自治体内の全域にあるとしたのはそのうちの33.7%、274自治体で、前年度から18自治体増加している。また、地域運営組織がないとした市区町村のうち、今後地域運営組織が必要と感じる自治体は約7割に及んでいる。2020年に金川らによる全国の市区町村対象のWebアンケート調査（回収数939件、有効回答率53.9%）においても、地域自治組織が自治体の全域に存在するとしたのは215自治体、ほぼ全域としたのは67自治体で、合わせると282自治体となっている。こうした調査結果

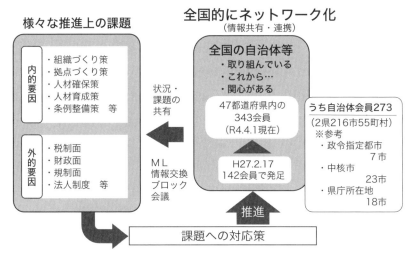

図1　小規模多機能自治推進ネットワーク会議の概要

からも、小規模多機能自治は着実に拡がってきていることがうかがえる。

## (2) 地域自治組織における法人格

　地域自治組織において法人格がなければできないこととしては、車両や建物などの財産の保有、食品衛生法上の営業許可や酒類販売免許の取得などの許認可、見守りのための新聞配達業務の受託などの事業活動や契約行為、融資などさまざまなものがある。組織運営においては、任意団体のままだと雇用責任や事業責任が会長の個人責任となり、会長のなり手がいなくなるおそれがあって会長に労災保険も適用できない。このように、事業を活発かつ持続的に展開していこうとするとやはり法人格が必要になってくる。2021年の総務省の全国調査によると、NPO法人が4.2％、次いで認可地縁団体1.8％、一般社団法人0.9％、認定法人が0.4％、株式会社が0.2％となっており、法人組織はまだわずかである。地域自治組織で主に選択されている4つの法人形態の特徴を比較すると表1のとおりだが、組織全体を法人化する場合と、リスク回避と機動性確保の観点から事業性の高い一部の事業部門を切り出して法人化する場合もある。

表1　法人形態の特徴

出典：内閣府「小さな拠点情報サイト－地域運営組織の法人化－」の掲載情報を元に作成。
　　　https://www.cao.go.jp/regional_management/rmoi/erabu/

| 法人名 | 認可地縁団体 | NPO法人 |
|---|---|---|
| 形態 | 非営利 | 非営利 |
| 目的事業 | 地域的な共同活動を行うこと | 特定非営利活動(20分野) |
| 登記 | 不要（市町村長の告示） | 必要（登記して設立） |
| 議決権 | 1人1票 | 原則、1社員1票 |
| 主な設立要件 | ・地域的な共同活動を目的とし、実施していること<br>・区域が客観的に定められていること<br>・区域の住民が構成員となれ、その相当数の者が現に構成員であること<br>※令和3年5月の法改正で不動産等の保有要件は不要になった。 | ・特定非営利活動を行うことを主たる目的とすること<br>・営利を目的としないものであること<br>・社員の資格の得喪に不当な条件を付けないこと<br>・社員10人以上（常時）であること |
| 設立方法 | 市町村長が認可 | 所轄庁の認証後に登記して設立 |
| 設立に要する主な費用 | 不要<br>（団体証明書等の発行手数料は除く） | 不要 |
| 剰余金の分配 | できない | できない |
| 課税 | 収益事業にかかる所得のみ | 収益事業にかかる所得のみ |

| 法人名 | 一般社団法人 | 株式会社 |
|---|---|---|
| 形態 | 非営利 | 営利 |
| 目的事業 | 制約なし（収益事業も可） | 定款に掲げる事業による営利の追求 |
| 登記 | 必要（登記して設立） | 必要（登記して設立） |
| 議決権 | 原則、1社員1票 | 出資比率による |
| 主な設立要件 | 社員2人以上 | 資本の提供 |
| 設立方法 | 公証人役場での定款認証後に登記して設立（準則主義） | 公証人役場での定款認証後に登記して設立（準則主義） |
| 設立に要する主な費用 | ・定款認証の手数料5万円（電子認証の場合）<br>※紙による認証の場合は、印紙代として別途4万円が必要。<br>・登録免許税6万円 | ・定款認証の手数料5万円（電子認証の場合）<br>※紙による認証の場合は、印紙代として別途4万円が必要。<br>・登録免許税（資本金額の0.7%）<br>※資本金額の0.7%が15万円に満たないときは、申請件数1件につき15万円。 |
| 剰余金の分配 | できない | できる |
| 課税 | 全所得<br>※非営利型法人に該当する場合は、収益事業にかかる所得が課税対象。 | 全所得 |

なお、認可地縁団体については、もともと自治会・町内会等を想定した簡易な仕組みで、法人登記がないなど、事業性のある仕組みにはなっていない。このため、例えば波多コミュニティ協議会（島根県雲南市・認可地縁団体・人口300人弱、高齢化率約56％）では、2014年に買い物対策として店舗（はたマーケット）を開設する際、銀行からの融資において何度も認可地縁団体についての説明を求められ、融資を受けることはできたものの、かなりの時間を要している（表1）。

　法人化することによって積極的な事業展開がなされている事例として、一般社団法人筆甫地区振興連絡協議会（宮城県丸森町）の事例を紹介する（161頁団体カルテ参照）。

## (3) 新たな法人制度を求める動き

　伊賀市、名張市、朝来市、雲南市の4市では、2014年に『小規模多機能自治組織の法人格取得方策に関する共同研究報告書』[1] をまとめている。この中で、地域自治組織に適した法人格が現行制度では見当たらないとし、スーパーコミュニティ法人の創設を提案している。その後ネットワーク会議からの法人制度創設の提案を受け、内閣府で地域の課題解決のための地域運営組織に関する有識者会議による報告書が取りまとめられた。その中で法人類型ごとにその方向性が示されているが、そのうちNPO法人と地縁型組織の法人格については次のとおり見解が示されている。
○地域住民主体型のNPO法人：「地域住民主体型のNPO法人」も許容されるため、積極的な活用が望ましい（NPO法の解釈の明確化）。
○地縁型組織の法人格：既存の法人制度を参考にしつつ、経済活動を行う地縁型組織の法人化を促進する上で現行の制度に不足している点があるかどうか、また、どのような制度にしていくことが望ましいか、検討する必要がある。

　NPO法の許容限度については、ネットワーク会議からの提言も踏まえて、第190回国会において2016年4月28日の内閣委員会で取り上げられ、

内閣府から見解が示された[2]ものである。この見解は、認証事務を所轄する都道府県等の認証の実例から、どこまで許容できるのかという観点で出されたもので、特定非営利活動促進法の趣旨は、同じ志を有する者（志縁）による市民活動団体が対象で、属地性が特徴の地域自治組織には法の趣旨と合わないのではないかというのがネットワーク会議の主張である。

地縁型組織の法人格については、総務省の『地域自治組織のあり方に関する研究会報告書』（2017）で、現行制度（認可地縁団体）の改良の可能性 と新たな法制度の可能性について、次のように整理されている。

現行制度（認可地縁団体）の見直しについては、設立目的を財産保有目的に限定せず、地域の共同活動で可能とする一方、団体会員の扱いや代議制、複数の代表権、設立登記・計算書類等の義務付けは不可とされた。

新たな法制度の可能性については、全国的に自治会・町内会等への未加入が課題となる中、フリーライド問題（受益はあっても費用は負担しない状態）は私法人（NPO法人など）では対応できず、ボトムアップ型を想定した公（共）法人が必要とされている。ただし、手続きが煩雑で、例えば市町村議会の議決による設立認可や賦課金徴収の市町村への委任などがあげられている。そして報告書の最後には、こうした流れは今後加速していくことが予想され、さらに議論の深化が必要とされている。

認可地縁団体制度については、2021年の第11次地方分権一括法により目的要件が緩和されたが、事業性のある仕組みではなく、高度な仕組みにすると自治会が使いにくいものになってしまう。つまり、地域自治組織に適した法人格としては、なお制度的空白が存在すると考える（図2）。


## (4) 今後の展望

今後の焦点は、総務省『地域自治組織のあり方に関する研究会報告書』（2017）にある新たな法人制度の具体的議論であろう。2020年の第203回臨時国会で労働者協同組合法[3]が成立したが、実現に約20年を要しており、新たな法人制度には相当の議論が必要になる。前京都府知事の山田啓二氏

団体カルテ

| 団体名 | | 一般社団法人筆甫地区振興連絡協議会 |
|---|---|---|
| 設立<br>(活動開始)<br>時期 | | 1979年に各種団体長の連絡機関として設立され、2010年からの指定管理受託のタイミングで全住民による組織に移行し、2018年に法人化。法人化により、助成金も獲得しやすくなり、社会的にも対応できる組織として積極的に事業展開。 |
| 概要 | | 人口500名弱、人口密度 6.6人/km²、高齢化率57%で、町の中心部から車で30分弱の山間地域。2007年度に設立された町内8地区の住民自治組織の一つ。 |
| 問合せ先 | | 筆甫まちづくりセンター<br>住所：宮城県伊具郡丸森町筆甫字和田80番地の2<br>TEL：0224-76-2111　メール：hippo-kou@town.marumori.miyagi.jp |
| 組織運営<br>体制 | 事務局体制 | 常設事務局3名（常勤2名、非常勤3名）<br>※事務局以外も含めると職員11名体制。 |
| | 事業実施<br>体制 | ・理事会、4つの部会（地域振興、生活、福祉、移住推進）<br>・テーマごとの委員会 |
| | 拠点施設 | 筆甫まちづくりセンター |
| 予算・収入 | 予算規模 | ・2010年 約1300万円<br>・2020年 約2億2千万円 |
| | 主な財源 | ・町委託料と交付金約1千4百万円<br>・店舗売上約2千6百万円<br>・ガソリンスタンド売上げ約1.8億円など |
| 主な事業 | 自主事業<br>（事業名・<br>内容等） | ・イノシシ捕獲大作戦<br>・高齢者の暮らし支援事業「ひっぽお助け隊」<br>・買い物対策「ひっぽのお店ふでいち」と移動販売 (2018-)<br>・ガソリンスタンドの経営 (2018-)<br>・稲作中心の営農事業 (2020-)<br>・移住推進事業 (2020-)<br>・生涯学習事業、郵便はがき・切手等の販売　ほか多数 |
| | 受託事業 | ・集落支援員受託事業、文書の取り次ぎ業務<br>・区長会運営事務（町の出張所廃止に伴うもの） |
| | 指定管理<br>事業 | まちづくりセンター（2010年度に公民館から改称） |
| 支援・協働の<br>有無 | 行政 | 地域担当職員の支援あり（企画財政課地方創生推進班） |
| | 中間支援 | さまざまな外部関係者と関係性を構築されている |
| その他 | 継続の工夫 | ・住民アンケート調査と話し合いを重ねている。<br>・有償サービスの「ひっぽお助け隊」では、作業代金に加え、1時間当たり100円の住民組織の手数料あり。<br>・2018年の「ひっぽのお店ふでいち」開設にあっては、町補助金の他、住民出資、クラウドファンディング、地区外からの応援資金およそ1300万円を調達。移動販売では、法人組織として民間助成金を得て車両を導入。<br>・店舗経営や移動販売、ガソリンスタンドの経営などにより、地域の雇用と地域内経済循環を確保。 |
| | 特記事項 | ・東日本大震災を契機に住民有志の出資で2015年からひっぽ電力株式会社設立。太陽光発電等により電気の自給自足と売電事業を実施。利益は地域の事業に充当。<br>・2019年10月の東日本台風では、あらゆる道路が寸断され地域が孤立する中、地域内の組織が連携し、道路の開設、炊き出し、避難所運営、全戸聞き取り調査、孤立高齢者世帯への物資供給、薬の手配や手渡しなど、日頃の活動の積み重ねによる地域力が発揮されている。 |

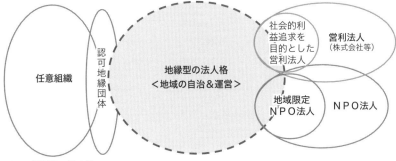

図2　地縁型の法人格

は、すべてのことをサービス中心で再構築する機関を地域運営法人として
法人化せざるを得ないだろうと述べられているが[4]、かつて誰も経験した
ことがない人口減少社会の中、自治力向上のために早期の議論が望まれる。

注
1) http://blog.canpan.info/iihoe/img/1403_rmo_houjinka_final.pdf
2) 平成 28 年 5 月 30 日付け内閣府政策統括官付参事官（共助社会づくり推進担当）技術的助言
　「地域運営組織の法人格として特定非営利活動法人を活用することについて」
3) 2021 年 12 月 4 日成立、2022 年 10 月 1 日施行。一人一票を原則とする非営利型で、働く
　者自身が出資し、運営そのものにも関わるもので、人材派遣を除き事業内容に制限はない。
4) 冊子『国際文化研修』2021 Spring Vol.111、40 頁

参照文献
・BIBLIOGRAPHY 金川幸司・後 房雄・森 裕亮・洪 性旭 編著。(2021)。『協働と参加 ―コミ
　ュニティづくりのしくみと実践―』。晃洋書房。
・小規模多機能自治推進ネットワーク会議。(日付不明)。参照先：https://www. facebook.
　com/ShoukiboJichi/
・総務省地域力創造グループ地域振興室。(2021)。『地域運営組織の形成及び持続的な運営に関
　する調査研究事業報告書』。
・地域の課題解決のための地域運営組織に関する有識者会議（内閣府）。(2016)。地域の課題解
　決を目指す地域運営組織 ―その量的拡大と質的向上に向けて― 最終報告。参照先：https://
　www. cao. go. jp/regional_management/doc/effort/experts/final_report. pdf
・地域自治組織のあり方に関する研究会（総務省）。(2017)。地域自治組織のあり方に関する研
　究会報告書。参照先：https://www. soumu. go. jp/main_content/000495508. pdf
・内閣府。(2021)。「小さな拠点情報サイト」地域運営組織の法人化。参照先：https://www.
　cao. go. jp/regional_management/rmoi/erabu/
・内閣府。(2021)。地方分権改革。参照先：第 11 次一括法などの施行：https://www. cao. go.
　jp/bunken-suishin/ikkatsu/11ikkatsu/11ikkatsu. html

# 地域人材の育成とつながりづくり
## ―とよなか地域創生塾の取組み

# 松田泰郎

## (1)「とよなか地域創生塾」とは

　とよなか地域創生塾は、豊中市が2017年度に創設した、地域課題の解決を実践する人材の育成を目的として学習と実践のプログラムを提供する学びの場である。修了した人が地域の魅力づくりや課題解決に取り組むことで、地域の未来を創造していくことをめざしている。

　最大の特徴は「実践型」であること。活動に必要な知識・技術を学ぶ講座やワークショップ、実習を通して、自分たちでつくった企画を実際に事業として試行実施するところまで行う。事業実施に当たっては、さまざまな地域団体やNPO法人などとの交流の機会を提供し、ネットワークづくりを支援している。専門スタッフが企画づくりの相談・助言を行い、卒塾後も試行実施された事業を続ける際には、引き続き企画のブラッシュアップや助成金申請の助言などを行っている。

### ①「とよなか地域創生塾」の概要

　2017年度から2021年度までの概要をまとめた（表1）。

　カリキュラムの特徴としては、即興演劇を通じて「合意形成」を体得する「コミュニケーション論」、実際にまちを歩いて地域の課題解決・魅力づくりに必要な地域資源を探索する「フィールドワーク」、空き店舗を活用した拠点づくりの作業を行う「リノベーション」[1] など、座学でも机上のワークショップでもない実践形式の活動を組み込んできた。

### ②「とよなか地域創生塾」の運営体制

　事務局を行政が、事業実施を「協働研究所」と「とよなかESDネットワーク」が担っている（詳細は「カルテ」参照）。「協働研究所」と「とよなかESDネットワーク」は、講師・運営等を担当するほか、卒塾生がコ

表1　とよなか地域創生塾の年度別概要

| 項　目 | 第1期<br>(2017年度) | 第2期<br>(2018年度) | 第3期<br>(2019年度) | 第4期<br>(2020年度) | 第5期<br>(2021年度) |
|---|---|---|---|---|---|
| 開講数<br>時間 | 20回(原則月2回、<br>3時間) | 20回(〃) | 20回(〃) | 13回(〃) | 14回(〃) |
| 募集数 | 20人 | | | 10人 | |
| 応募数 | 25人 | 23人 | 20人 | 13人 | 15人 |
| 卒塾数 | 20人 | 20人 | 20人 | 13人 | 15人 |
| 受講料 | 2万6000円(学生半額) | | | 1万8000円 | 2万円<br>(〃) |

＊カリキュラム：基礎編・企画編・実習編・理論編・リノベーション編・グループ企画編 等
＊第1〜3期では、実際に空き家のリノベーションを行った（市内2か所）
＊第4期は、コロナ対策のためカリキュラム数削減・受講料減額

ミュニティビジネス系に進む場合は協働研究所が、市民活動系に進む場合はとよなかESDネットワークが、それぞれ卒塾後の活動を支援するしくみをつくっている。「塾」と名付けられているが、塾長や学長がいるわけではない。運営は運営会議が行うが、実際のカリキュラムでは「教える側・教えられる側」という関係ではなく、講師・ファシリテーターと塾生がフラットな関係で学び、交流する「共創の場づくり」をめざしている。講師には学識経験者や市民活動の実践者なども招いているが、ときには卒塾生とともに活動を広げ、実践する機会ともなっている。

## (2)「とよなか地域創生塾」事業の成果

　事業成果は、ひとえに卒塾生の「地域の課題解決・魅力づくり」にかかる実践活動にある。その実績をもとに、事業成果を測るため、3つの指標を設け評価・分析している（表2）。3つの成果指標はいずれも期を重ねるに従い増加している。ただし、これらは定量的な指標であり、これらの数値だけでは活動の実態、事業や団体の規模、インパクトの大きさなどは測れない。

　例えば、活動スタイルは塾生それぞれさまざまであり、およそ4通りに分類できる。事業や団体を引っ張る「リーダー」タイプ、そのリーダー

表2　とよなか地域創生塾の成果指標と実績

| ①地域活動に携わる人数の増加数<br>→ 塾の学びを通じた個人の行動の変化を測る | 卒塾生は第4期までで73人[2]。そのうち卒塾後も何らかの活動をしている人数は、事務局の把握で50人余り。およそ3分の2を超える卒塾生が地域の課題解決や魅力づくりの活動に携わっている。そのうち新たに活動を始めた塾生がおよそ30人。換言すれば、塾での学びが30人の活動の動機付けとなったことがわかる。 |
| --- | --- |
| ②地域活動事業の増加数<br>→ 塾が与える社会的インパクトを測る | 新たに生まれた事業はおよそ30事業（既に終了している事業や単発の事業も含む）。また、豊中市市民公益活動推進助成金[3]の採択を受けたものが6事業。男女共同参画推進事業助成金[4]にも2事業が採択された。 |
| ③地域活動団体の増加数<br>→ 塾以外の人材育成のネットワークや波及効果を測る | 新たに生まれた団体数はおよそ17団体。このうち塾の企画グループから継続しているのは10団体。 |

を支える「フォロワー」タイプ、他の団体や活動との結節点となる「ハブ」タイプ、不特定の事業に顔を出して協力応援する「ヘルパー」タイプなどさまざまである。期を重ねるごとに、さまざまなタイプと活動スタイルを持つ卒塾生同士が期を超えて互いに協力し、助け合うネットワークが複合的に形成されている。このようなシナジー効果は前述の指標では測れないため、現在、こうした塾のネットワーク形成の効果について、塾生及び卒塾生への質問紙調査により調査中である。

## (3)「とよなか地域創生塾」卒塾生の活動事例

　卒塾生の活動の具体例を紹介する。

### ①ごはん処「おかえり」

　2期生が2019年9月に開設した「多世代型地域食堂」。さまざまな背景を持ったこどもから大人、高齢者までに対して「食」をきっかけとした支援を展開している。大人は300円、こども（20歳まで）は無料で定食が提供される。コロナ禍では、100円総菜のテイクアウト方式にシフトしつつ、お弁当や物資を無料で配布するフードパントリー「おすそわけ会」や、地域の飲食店に呼び掛け、こども食堂を開いてもらう「こども食堂バル」などさまざまな事業も展開している。

　これらの事業をきっかけに、さまざまな層の困りごと、例えば生活困窮、

虐待、メンタルヘルス、孤立、生きづらさなどの相談を受けている。「お
すそわけ会」では困りごとのアンケート及び聞き取り調査を行い、追跡調
査・支援も行っている。活動資金は、助成金など公費を一切入れず、売り
上げと全国から寄せられる寄付、そして多くの協力者、応援者によって支
えられている。寄付については、「お福券」というペイフォワード方式で
材料費の一部をねん出しているが、何よりも新聞やテレビなどのマスメデ
ィアで何度も取り上げられている影響が大きい。

　協力者については、卒塾生をはじめ地域の支援機関・団体、行政職員、
大学教授や学生などがボランティアで参加している。また、相談や調査に
ついては、「おかえりキッズ応援団」なる専門職チーム[5]や地元の庄内西
町にある民間団体が集まる「にしまち会」などを中心に、さまざまな角度
から意見を出し合い解決策を探っている。

　「とよなか地域創生塾に参加しなければ、現在の活動はなかった」と開
設者は語る。事業を始めるきっかけとなっただけでなく、「塾生や講師に
よる応援、塾で培われたネットワークがあったからこそここまで拡充でき
た」と述べている。

## ②にこにこエプロン

　2期生の企画グループによるもので、「愛着形成」を通じて親の孤立を
防ぎ、子どもの虐待を予防する活動を行っている。入塾前から構成メンバ
ー3人の団体として活動しようとしていたが、講座や相談会を開催して
も参加者が集まらなかった。その解決方法がわからず、とよなか地域創生
塾の門を叩いた。塾では、新メンバーを加え、スタッフの助言を得ながら
事業の検討、整理を行った。

　事業は主に「講演会」「学習会」「家庭訪問」「相談室」の4つに分類さ
れる。「講演会」「学習会」は賛同者の輪を広げ、ともに活動してもらえ
ることを目的としている。講演会は島田妙子さん（一般財団法人児童虐待防
止機構オレンジ CAPO 理事長）などを招き、年間3回程度開かれている。
コロナ禍前には 100 人規模の講演会となり、受講者から 25 人が団体メン

バーに加入した。「家庭訪問」「相談室」は、この団体の主目的の事業で、市の施設などを使った「相談室」とアウトリーチである「家庭訪問」を行っている。家庭訪問、相談事業には4期生の助産院を経営する助産師の協力を得ている。

当事業は、豊中市市民公益活動推進助成金に採択されるほか、公民館との共催事業を展開するなど、行政との協働路線を採っている。なお、現在は特定非営利活動法人の設立申請中である（2021年12月現在）。法人設立に当たって上記の事業の組み換えを予定している。

③ソーシャルFUN！！

3期生の企画グループによるもので、男性のリタイア後の孤立や健康不全などを防ぐため、料理や家事など生活スキル向上の講座を通じて壮年層の社会参加を促進し、併せて仲間づくりを行っている。具体的には「男の料理教室」を主事業としているが、これは生活スキルの向上のほか、例えばこども食堂のボランティアなど地域での役割創出もねらいとしている。現在、料理教室はコロナ禍の情勢の中では運営が難しくなっているが、リモートの活用や家事分担についての座談会などコンスタントに活動を続けている。

当事業も豊中市市民公益活動推進助成金に採択されているが、そのこととともに、福祉分野の市職員がメンバーに加わっていることが、データや関連情報の収集の面などで大きなアドバンスを得ている。

卒塾生の活動事例を3例紹介したが、このほかにも多彩な事業が市内外で展開されている[6]。活動を始めるパターンには「継続型（塾の企画グループがそのまま継続しているもの）」、「拡充型（塾に入る前からの活動を拡充したもの）」、「新規型（塾で学んだことやネットワークを使って新たな事業を起こすもの）」がある。

事業の発意で分類すると、自身に欠けているもの、損なわれているものを克服して達成感や自己肯定感を得ようとするもの。もう一つは、福祉・

人権等市民的な権利や自由が損なわれている他者を直接支援しようとするものがある。スタート時の動機が違うだけで、もちろん活動に優劣はない。両者とも、活動をとおして他者との関係・ネットワークを構築し、公益性のある社会貢献活動に取り組んでいる。

### （4）市民が思いを実現するための協働のしくみ

　とよなか地域創生塾について、冒頭で「この事業は地域人材の育成を目的としている」と述べたが、卒塾生の活動を見ると「育成」というのは、いかにも「おこがましい」と感じる。地域のために何かをしたいと考えている人は、そのことで既に「地域人材」であり、企画された事業の本体は、市民の「やってみたい」という思いである。当塾は、市民が活動を起こすきっかけをつくり、思いを企画にまとめ、仲間やネットワークを広げて事業を実現する手助けをするためのしくみの一つである。

　行政の最も重要な役割は活動（特に初動）に必要な「情報」を提供することである。行政には企画づくりやそれを実現させるノウハウや連携できる市民団体の情報を多く所有している。こうした行政の情報を活用して市民が思いを実現する、これが市民主体の新たな協働事業のあり方といえるのではないか。

　当塾は３年ごとに振り返りを行い、必要な見直しを行っている。2022年度は２回目の見直しの時期に当たり、これからどういう形に進むかは現時点では未定であるが、卒塾生の活動は地域にとっても市にとって大きな財産となっている。今後とも、形が変化したとしても、これらの活動を支援し続けていきたいと考えている。

団体カルテ

| 団体名 | | とよなか地域創生塾 |
|---|---|---|
| 設立（活動開始）<br>時期 | | 2017年4月 |
| 問合せ先 | | 豊中市役所　都市経営部とよなか都市創造研究所<br>住所：大阪府豊中市岡町北3-13-7　人権平和センター豊中3階<br>電話：06 (6858) 8811　メール：tium@tcct. zaq. ne. jp |
| 組織営運体制 | 事務局体制<br>（会計機能含む） | 豊中市都市経営部とよなか都市創造研究所<br>豊中市教育委員会事務局社会教育課（共同事務局） |
| | 事業実施体制 | 事業受託者：有限会社協働研究所<br>講師・ファシリテーター：森本誠一さん（大阪大学大学院理学研究科招へい研究員）<br>特定非営利活動法人とよなかESDネットワーク |
| | 拠点施設の<br>有無、概要 | あり（人権平和センター豊中、とよなか縁結実） |
| 予算・収入 | 事業・寄付収入等<br>の概要 | 2021年度予算（事業本体）<br>歳入：40万円<br>歳出：720万円 |
| | 交付金・助成金の<br>有無、内容 | なし |
| 参考 | | とよなか地域創生塾の活動について、詳しくは以下のホームページ、<br>フェイスブックなどを参照されたい。<br>ホームページ：http://toyonaka-souseijuku. org/<br>フェイスブック：https://ja-jp. facebook. com/toyonakasouseijuku/ |

注
1) リノベーションした物件は、塾生の企画づくりの場所やイベント会場として活用している。また、2019年7月からは「とよなか縁結実（えんゆうみ）」と名付けられ、市の地域包括ケアシステムの一環である「地域の交流・支え合いの場づくり推進事業」の拠点として活用されている。
2) 属性は期によって偏りはあるが、10歳代から70歳代まで概ね万遍なく分布し、平均年齢は45.0歳。男女比はほぼ同数（男性34人、女性39人）となっている。
3) 豊中市における市民公益活動を推進する目的で豊中市市民公益活動推進条例（平成15年豊中市条例第56号）第10条において設置された助成金。募集は公募方式で、交付の可否は公開プレゼンテーションにより審査される。
4) とよなか男女共同参画推進センターの指定管理を受託している一般財団法人とよなか男女共同参画推進財団が実施する助成金（指定管理事業）。
5) 専門職チームは、ケアマネージャー、医師、看護師、行政書士、地域包括支援センター相談員、他の支援機関のメンバーなどがボランティアで参加している。
6) そのほかにも、こども・不登校児童・育児・高齢者・就労困難者などの支援、コミュニティづくり、就労支援、パブリックコメント活性化、商業活性化など多分野にわたる活動が確認されている。

**事例6**

## 多文化共生の拠点づくり―大阪市生野区小学校跡地の活用
**田中逸郎**

　大阪市生野区の人口は約12万6千人、うち外国人住民が約22%。5人に1人以上が外国籍住民のまちである。外国にルーツを持つ住民と地域で共に暮らしてきた長い歴史があり、その多くはオールドカマー、すなわち朝鮮半島にルーツを持つ在日コリアンで約76%を占める。ニューカマーの外国人も増え、今では60か国以上の外国ルーツの人々が暮らす多国籍・多文化のまちである[1]。

　2021年3月、このまちの外国にルーツを持つ子どもたちが通う小学校が閉校した。同年9月、学校跡地の公募型プロポーザルが実施され、「多文化共生の拠点づくり」の提案が採択された。

### (1) 誰一人取り残さない

　廃校となったのは、生野区のコリアタウン(御幸通商店街)に隣接する御幸森小学校。採択されたプランは「いくのコーライブズパーク」、略称「いくのパーク」である[2]。NPO法人「IKUNO・多文化ふらっと」と株式会社RETOWNが共同事業体を組織[3]し、提案した。

　「誰一人取り残さない」を掲げて活動する「IKUNO・多文化ふらっと」は、多文化共生のまちづくりをめざし、市民主導による交流と学びの実践活動とそのためのプラットホームづくりに取り組んでいる。理事には、この地で長く保育園教諭を続けてきた社会福祉法人事務局長、在日コリアン3世で子どもたちの学習支援活動を続けているNPO法人の代表、地域の一般社団法人の代表理事など地域に根差した実践活動家と、大阪市の元区長(現在は大学教員)、国際交流協会の理事兼大学教員など、当事者、支援者、行政経験者、学識経験者等々多彩なメンバーで構成されている。共生やコミュニティをめぐる論議でいつも浮上する「ウチとソト」の境

界線を越える（またがる）メンバーで構成されていることが注目される。団体が持つネットワークも同様に内外と連携しており、生野区役所や地元の「御幸森まちづくり協議会」と連携・協力提携を結ぶほか、大学や日本国際交流センター（JCIE）や企業と連携した事業を展開している。

　これには理由があるだろう。歴史的経過を有し定住する在日コリアンは、今では4世5世が誕生し、地域で日本人と共に暮らしている。この間、民族保育・教育、公立学校における民族学級の取組みをはじめ、在日高齢者への介護サービス事業や種々の啓発活動など、当事者・支援者による活動が展開されてきた。最近では官民協働の取組み[4]も進んできているが、オールドカマーをめぐる種々の人権課題や生活課題は解決しているとはいえない。そこに、日本社会を覆う格差拡大と超高齢化・人口減少の波が押し寄せ、ニューカマーも増えているのである。メンバーが多彩なのは、生野区がいわば日本社会が抱える「共生課題の先進エリア」であり、さまざまな格差や貧困が凝縮されて顕在化している地域だからではないか。ウチとソトが手を携えないと解決への道筋が見いだせない状況を象徴しているといえるだろう。

## (2)「いくのパーク」の概要

　ウチとソトが手を携える、これは採択された提案事業にも表れている。事業コンセプトに「ともに生きていくこと」「尊厳を持つ人であること」「開かれた場所であること」を掲げ、「つなぐ」「まなぶ」「たべる」「はたらく」「つどう」「たのしむ」「つたえる」「まもる」という8つの機能をもつ拠点をつくるとしている。提案の事業全体図には「最大の特徴は、生野区の内外に幅広いネットワークを形成していくこと」とある（図1）。

　事業も実に多彩である。5階建ての校舎、運動場や体育館、駐車場など、廃校となった小学校すべてを使うプランである。いくつか列記すると、次のとおりである。
・防災・避難所機能：外国人向け多言語情報提供・相談事業含む

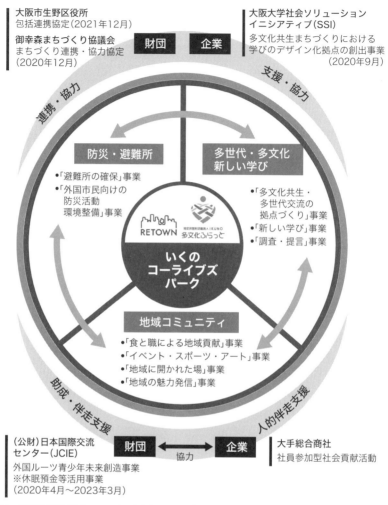

大阪市生野区役所
包括連携協定(2021年12月)

御幸森まちづくり協議会
まちづくり連携・協力協定
(2020年12月)

大阪大学社会ソリューション
イニシアティブ(SSI)
多文化共生まちづくりにおける
学びのデザイン化拠点の創出事業
(2020年9月)

連携・協力

支援・協力

財団　企業

防災・避難所
・「避難所の確保」事業
・「外国市民向けの
　防災活動
　環境整備」事業

多世代・多文化
新しい学び
・「多文化共生・
　多世代交流の
　拠点づくり」事業
・「新しい学び」事業
・「調査・提言」事業

RETOWN
多文化ふらっと

いくの
コーライブズ
パーク

地域コミュニティ
・「食と職による地域貢献」事業
・「イベント・スポーツ・アート」事業
・「地域に開かれた場」事業
・「地域の魅力発信」事業

助成・伴走支援

人的伴走支援

財団　協力　企業

(公財)日本国際交流
センター(JCIE)
外国ルーツ青少年未来創造事業
※休眠預金等活用事業
(2020年4月～2023年3月)

大手総合商社
社員参加型社会貢献活動

図1　事業全体図 (出典：IKUNO・多文化ふらっと「企画提案書」2021 年)

・地域コミュニティ機能：食と職による地域貢献事業、地域の魅力発信事業、イベント・スポーツ・アート事業、地域交流事業、インキュベーション事業ほか

・多文化共生・多世代、新しい学び機能：多文化共生センターの設立、保育事業、多世代交流事業、体験活動事業、子ども学習支援事業、大学連

携事業、調査・提言事業ほか

　施設内には、K-POP ダンススクールや大阪市立美術館美術研究所、障がい者雇用レストラン、フィットネスジムも入り、バーベキュー広場や市民農園などもできる予定だ。民・産・官・学すべての領域にわたる多彩な事業がこの拠点で始まろうとしている。壮大なプロジェクトといえるだろう。

　いよいよ、2022 年 4 月から学校設備等の改修が始まる。コロナ禍で予断は許さないが、順調に進めば、秋には事業開始の運びという。

## (3)　多文化共生のまちづくり拠点の可能性

　生野区にあるコリアタウンは、2021 年に 3 つの商店会が統合・法人化され、「大阪コリアタウン」となった。1990 年代前半頃は、それぞれの成り立ちの違いなどから名称への抵抗もあったと聞くが、在日 3 世ら若手が「共生」を掲げた 3 商店街協働イベントを実施。そこへ韓流ブームが到来し、現在では年約 200 万人の観光客が訪れているという。コロナ禍においてもまちはにぎわっており、国際交流分野でいう、3F（ファッション・フード・フェスティバル）でも成果を挙げているエリアである。

　この地に多文化共生の拠点をつくる。それは、3F の段階を越え、社会的マイノリティに押し込められた人々の人権と存在が保障される「共生の地域社会づくり」へステップアップしていくための、そして新たな「共生」の営みを育むためのチャレンジである。果たして挑戦はうまくいくのか、その可能性を調査した報告書・論文がある [5]。調査結果から、「生野区にはコリアタウンに代表されるような飲食店や店舗が多数存在」し「多様な支援団体が活動している」こと、さらには「知の連携や担い手人材・企業もある」ことなど、資源投入の条件がそろっていると分析。需要状況についての調査結果では、生活全般にかかる種々の課題（地域・医療・福祉・教育・保育・商業等）が複合的に絡まってあるとしており、前述したとおり「共生課題の先進エリア」であることがわかる。これらへの対応が切実

に求められているところへ、学校跡地の利活用に官民協働で取り組むこととなったのである。資源投入と需要の条件が顕在化しているこの機に、「多様な主体が協働して拠点づくりを進めることは大きな効果がある」としている。

　この壮大なプロジェクトから、どのような多文化共生の営みが生まれ、育まれていくのか。大きな期待を寄せているが、そのためには、これからも区を挙げて共生の理念を共有化して支援すること、何よりも、民・産・官・学の連携が一層求められる。そう、いわば私たち一人ひとりも構成員といえるのではないか。

注
1)　詳細は「大阪市の推計人口」「大阪市住民基本台帳・外国人人口」(2020年度) 参照。
2)「コーライブズ」とは、CO:「共に」、LIVES:「人」、PARK:「場所」(IKUNO・多文化ふらっと「企画提案書」2021年より)。
3)　代表事業者は株式会社 RETOWN が担い、大阪市と賃貸借契約を締結。株式会社 RETOWN と IKUNO・多文化ふらっと間で事業協定を締結し「共同事業体」として事業の管理運営業務を担う (IKUNO・多文化ふらっと「企画提案書」2021年より)。
4)　生野区政の3本柱では、「①子育て・教育環境の整備、②空き家対策、③多文化共生」が掲げられており、運営方針で「外国籍住民が区内地域コミュニティに参加しやすくするための環境づくりを行う必要」があること、「地域活動の担い手としての人材発掘・育成に取り組む」としている (令和2年度「生野区運営方針」より)。
5)「大阪市生野区における『多文化共生のまちづくり拠点』に関わる検討―まちづくり活動に関わる実践者へのインタビュー調査を通して―」(『コミュニティ政策19』、編集:コミュニティ政策学会編集委員会、発行:株式会社 東信堂、2021年)。IKUNO・多文化ふらっとの理事も含め、複数の研究者による論文。

団体カルテ

| 団体名 | | 特定非営利活動法人 IKUNO・多文化ふらっと |
|---|---|---|
| 設立<br>(活動開始)<br>時期 | | 2019年6月30日 |
| 問合せ先 | | 大阪市生野区桃谷4-5-15 班家食工房2階<br>電話：06-6741-1123（FAX兼用）　メール：ikunotabunkaflat@gmail.com |
| 組織運営<br>体制 | 事務局体制<br>（会計機能含む） | 事務局長をはじめ3名体制 |
| | 事業実施体制 | 「拠点づくり」、「多文化イベント」、「調査・提言」の3プロジェクト推進体制 |
| | 拠点施設の有無、<br>概要 | 他のNPOとの事務所の共有 |
| 予算・収入 | 事業・寄付収入等の<br>概要 | 寄付金：200万円など |
| | 交付金・助成金の<br>有無、内容 | 助成金あり<br>（外国ルーツ青少年未来創造事業：718万円） |
| 主な事業 | 自主事業<br>（事業名・内容等） | 学習支援事業（外国ルーツ青少年に対する教科学習・日本語指導）など |
| | 受託事業<br>（事業名・内容等） | なし |
| | 指定管理事業の<br>有無・内容等 | なし |
| 支援・協働の<br>有無 | 行政<br>（地域担当職員等） | 生野区役所（企画総務課） |
| | 中間組織・民間等 | ・公益財団法人日本国際交流センター<br>・御幸森まちづくり協議会<br>・大阪大学社会ソリューションイニシアティブ　など |
| その他 | 活動継続の取組み・<br>工夫 | 財務基盤の安定化に向けた収益部門の開発<br>（転貸及び飲食事業、受託事業など） |
| | 後継者育成の取組み・<br>工夫 | インターンシップの受入れなど |
| | その他、特記事項 | なし |

# 事例から見えてくる課題と展望
# 中川幾郎

## (1) 行政側の課題

### ①自治協を支援する専門的、横断的体制の再構築

　本章に掲げた自治協の事例は、地域自治システムの先進事例であるが、活動が進化発展するにつれ、扱う分野が多岐にわたり、取組みも変化（深化）していることがわかる。自治協の成長・発展（あるいは衰退）の進捗度や、地域ごとの課題によって異なるが、行政支援も初動期（立ち上げ期）中心のものだけでは対応できず、自治体によってさまざまな取組みがなされている（第6章参照）。

　このような地域ごと、自治協ごとに異なる支援のあり方について総点検し、再構築することが必要不可欠だろう。また、専門的な課題の増加に対しては、地域支援担当職員だけでは対応することが困難であり、行政全般の後方支援体制（バックアップ体制）の整備が必要となっている。自治協への支援そして参画と協働は、もはや行政全部門の例外なき課題となっている。

### ②生涯学習政策などの根本的な転換を図る

　すでに自治会などの役員後継者不足が深刻となっている今日、これら地域コミュニテイ人材に依拠している自治協でも、同様に役員の後継者不足・担い手不足が顕在化している。しかしながら、地域自治システムの一方の当事者である行政側の危機意識は薄く、この危機的状況を克服するのは住民自治の当事者だと、半ば傍観しているのではないか。

　そうではなく、これはいずれ団体自治にもその負荷が波及してくる。各種行政サービスのコスト増の要因として、自治体全体の課題ととらえるべきである。自治協が事業点検と軌道修正をするに際して、より若い世代の地域社会への新規参入を促進する事業開発への支援と助言は欠かせない。

そのためには、多くの自治体で高齢者を主要な対象とした「余暇社会」型事業や趣味・教養の領域にとどまっている「生涯学習」施策を、本来あるべき姿へ戻すべく全面的に見直すことが必要である。

そもそも、生涯学習には「個人的自己決定能力」の向上だけではなく、「集団的自己決定能力」の向上の二つが想定されている（ユネスコ・国連教育科学文化機関）。前者は、識字能力等を有し他者とコミュニケーションを図ることができ、自らの人生における判断や選択決定をなしうる能力、のことである。後者は、家庭や近隣社会、地域社会あるいは職場などで共同生活を営み、集団で意思形成を行い、課題などを共有して行動できる能力のこと、といってよいだろう。それは別名「市民教育」のことでもあった。

後者の視点に立った、行政による新たな地域社会の担い手育成・開発事業としては、「とよなか地域創生塾」が該当する。名望家型世話役を典型とした地域人材の世代継承システムはすでに消滅し、そのマイナス効果、つまり団体自治と住民自治との意思疎通の不全化、それによるコスト増加は、眼前に迫っている危機である。速やかに、自治体に不可欠な「市民教育」を構築すべく、現行生涯学習事業の全面的な見直しとプログラム転換を図るべきである。

### ③自治協に対する新たな行政支援の必要性

従来からの行政支援としては、活動交付金の支出、地域センターなどの活動拠点の提供、地域担当職員などの派遣、地域に関するデータなどの情報提供があげられる。大阪市などでは、経理処理、広報、会議記録処理などの共通ノウハウを提供するという支援もしている。また島根県雲南市のように、監査のあり方などもアドバイスし、自治協運営をめぐるトラブルなどが生じた場合の、苦情処理機関設置を検討している自治体もある。つまり、交付金が支出されたり、時には指定管理を受任したりする自治協が置かれている位置は、憲法89条にいう「公の支配に属する団体」なのであり、行政も「協働」の当事者として、その責任を分担するという考え方のもと支援を行う必要がある。

## （2）住民（自治協）側の課題

### ①基本的人権を基盤とした自治協活動

　地域社会における超高齢化と少子化は郡部・都市部とも着実に進行しており、「宝塚市中山台の協議会活動の今」のように、小中学校の校区再編と合わせた自治協の再構築が地域を直撃している。また、人口減少・超高齢化・少子化と並行して、高齢者や非婚世代の一人暮らし、その他の孤立しがちな住民が増加しており、これらさまざまな社会的弱者も当事者として参画できるルートを拓いていくべきであろう。

　このことは「多文化共生の拠点づくり」でも明らかにされている。外国籍住民が多数存在し、増加している地域においては、基本的人権の尊重を基盤にした「共生」と「社会包摂」が不可欠である。そもそも自治協を立ち上げ運営するには、男女共同参画の視点は当然のこととして、障がい者、高齢者、子ども、外国人などを視野に据えた基本的人権に関する共通理解が必要不可欠である。それは「朝来市与布土地域自治協議会」に見られるような、地域への新規参入者に対する温かな受け容れ体制を培養することにもなる。「鳥取県南部町の東西町地域振興協議会」では、地区公民館を中心とした社会教育の伝統が地域に生きており、「地域支えあいマップづくり」他の取り組みが速やかに進んだという。いずれの地域も、その背景には「一戸一票性」の従来型意思決定から、民主的な「一人一票性」への転換があることにも留意すべきだろう。

### ②地域内のあらゆる世代を対象とした事業開発を

　自治協の運営は、住民の全生活分野を視野に入れ、またあらゆる世代の住民を対象として、地域の隅々まで見落としなく配慮するべきである（第2章参照）。生活分野別の取り組み課題は、かつての防犯と環境美化を主流とした時代から、今日では福祉、保健、医療、介護、都市計画なども課題となってきた。このように取り組み課題はより深くまた専門化する傾向にある。　一方で、中高年者が重視される傾向にあったこれまでの地域活動を見直し、子育て世代、小中学校の児童・生徒、高校生、大学生、若者

などが参画できる事業の開発が求められる。例えば、子育て世代のための共同育児事業、小中学生のための学習支援事業、若い世代のための交流事業や再就職準備講座、地域の農業や産業振興のためのスキル取得など、なすべきことは沢山ある。

　したがって、これまでの余暇時間、経済的なゆとり、健康な体と家族を有している社会的優位者が個人的自己実現の満足感を得ていくような事業を見直し、その資源を新たな世代開発事業や、地域社会の新規転入者などの参入を誘うような事業に転換していくべきであろう。

### ③常設事務局機能の確立を

　先進的な自治協の事例で必ず見受けられるのは、事務局機能が常設的かつ安定的に確立されていることである。事務局があっても、常勤職員がおらず、回り持ちであったりすると組織運営が安定しない。これは、自治協組織の法人化をどのように考えるか、という課題以前の重要課題である。つまり自治協は、名誉職的な世話人グループによる地域行事運営のレベルを遥かに超える範囲と規模の事業、予算、組織をコントロールせざるを得ないからである。　例えば、一定の事業経営を行ったり、行政からの事業受託を行ったりする場合に、契約、予算作成、決算処理などはもとより、社会保険や労働関係法規に関する業務も発生する。これは、いかなる法人格が自治協に適合するか、という問題とはまた別の課題である。権利能力なき社団の状態であっても、事務局機能の確立は不可欠なのである。

　また、どのような法人格が適合するかについては「小規模多機能自治の広がりと法人化」に事例が掲げられているが、未だにその答えは出ていない。むしろ、それぞれの地域ですでに試行が開始されており、その実践知の集積が待たれる状態である、といってもよい。例えば「朝来市与布土地域自治協議会」では、協議会本体は店舗や倉庫を買い上げて所有している認可地縁法人である。そのかたわら、自治協地域内の農業振興と高齢者福祉事業を、一般社団法人「よふどの恵」を設立して取り組み、地縁法人と社団法人の両輪で事業を進めている。そして、そのそれぞれに事務局長と

事務局員が配置についていることに留意したい。

　以上、本章で取り上げた事例は、地域自治の仕組みづくりと実践活動の参考となる示唆に富んだ取組みである。実践に役立てていただきたい。

# 第8章 地域自治のしくみづくりQ&A

馬袋真紀　相川康子　直田春夫

## 1 基本
### ―必要性、位置付け、行政や自治会・町内会等との関係―

#### 地域自治システムはなぜ必要なのですか？

　地域自治システムとは、住民自治協議会（以下「自治協」という）を核として、自主的な住民活動を充実させ、地域の声を的確に行政に反映して行政改革をも促し、「持続可能な地域づくり」という共通の目標に向けた取組みを重ねていくシステムです（「まえがき」の定義を参照）。自治協を結成することで、安心して暮らすことができる地域社会に向けたさまざまな活動を、住民自ら考え、実行することが期待できます。その自治協に関する制度や支援方策などを規定したのが「地域自治のしくみ」で、そこには住民と行政とが特性を認め合い、対等な立場で連携・協力する理念と具体的な参画・協働の手法が盛り込まれていなければなりません。

　また、地域では、自治協などの活動に、子どもからお年寄りまで幅広く関わる（参加・参画）ことで、面識社会が構築され、地域社会にまとまりが生まれます。面識社会づくりは、防犯・防災面でとても重要で、すべての住民が安全に安心して暮らすことができる地域共生社会の実現にもつながります。多様な人びとが参画するからこそ、年代別・性別・テーマ別の困りごとが共有されやすく、その解決に向けた活動が活発化します。

#### 従来から地域で活動している自治会・町内会等と自治協との関係を教えて下さい。

　自治会・町内会等は、近隣における人と人とのつながりの基礎であり、地域の暮らしに欠かせない諸活動を複合的に展開しています。しかし、都

市部や住宅地では加入率が低下し、農山漁村では高齢化や人口減少によって担い手が不足しています。そこで、自治会・町内会等では対応が難しくなってきたことや、小学校区程度の範域で取り組んだ方が効率的・効果的なことは自治協で対応する、といった関係になります。自治会・町内会等で十分に対応できていることを、自治協が手がける必要はないでしょう。

　つまり、広域的な自治協が結成されても、自治会・町内会等の意義はなくなりません。多くの自治協では、自治会・町内会等の代表が評議員会や運営委員会に参画しています。両者の役割分担は「補完性の原則」に基づくものですが、その領域は時間経過や地域の状況によって変化するので、どのような関係が最適かを定期的に見直しましょう。自治会・町内会等と自治協という二層の住民自治組織がそれぞれ特性を活かし、連携・協力して地域づくりを進めていく必要があります。（第2章、第4章参照）

## 地域自治システムを構築するには、条例や指針が必要ですか？

　自治体のルールには、よりフォーマルな順に条例〜規則〜要綱があります。自治協に対する支援を要綱で実施している自治体もありますが、行政が自治協を協働のパートナーと位置づけ、行財政改革も含めた地域自治システムを構築するのであれば、やはり条例による位置づけが必要だと考えます。条例の制定や改廃には議会の承認が必要ですから、そこに地域自治のしくみを規定することで、自治協の正統性が保たれ、自治体の責務が明確になります。大枠を自治基本条例やまちづくり基本条例等で位置付けた上で、具体的な手続等は規則や要綱に委ねるパターンが多いですが、三重県名張市や大阪府豊中市では自治協の設置についても条例で定めています。

　行政と自治協が協働するにあたっては、対等であることを忘れてはなりません。担当者が変わっても関係性が変わらないよう、協働の基本原則に関することを条例や指針（兵庫県朝来市では「地域協働の指針」）として明文化しておくと良いでしょう。10〜20年前にこの種の指針を定めた自治体もありますが、その多くはNPOなどテーマ型団体と行政との協働

を想定しているので、自治協との協働を盛り込んだ新バージョンの策定が望まれます。策定時には、住民の参画を促し、対話しながら（協働しながら）つくりあげることが大切です。

行政との関係はどうなるのですか？

地域コミュニティの充実・強化は、どの自治体にとっても重要な課題です。実際に取り組むかどうかは各自治体の判断次第ですが、地域自治のしくみづくりに取り組む自治体の多くは、自治協支援のために地域担当職員制度や助成金・交付金の制度をつくっています。アドバイザー派遣や、中間支援組織による支援を制度化しているところもあります。（第6章参照）

自治協の設立を呼び掛けていない行政にも、市民活動への支援や住民との協働を促進する部署はあるはずです。地縁型であれテーマ型であれ、住民の主体的な活動は地域力を高め、自治体運営の強みにもなりますから、新たに自治協を設立しようとする動きを応援してくれるでしょう。

自治協と行政とが協働する具体的な形態・手法には「委託」「補助」「共催」「協力」などがあります。当該事業の内容や主体の成熟度によって適した形態・手法は異なるので、双方合意のもとで決めることが大切です。行政が自治協を下部組織のように扱ってしまってはうまくいきません。協働の原則や手法に関する議論と、現場での実践＋ふりかえりを積み重ねながら、地域にあった協働の形態を進化させていきましょう。（第2章、第6章参照）

## 2 自治協の体制を確立する
　　―地域をまとめる、事務局、会計、活動部会、活動拠点―

自治協のエリア内に地域特性の異なる地区（住宅団地部と田園部など）が混在していますが、うまくまとまるでしょうか？

エリア全体が同じような様相だと地域課題も似ていて活動しやすい、と思われがちですが、特性の異なる地域があるからこその強みもあります。

特定地区の課題を考えるにしても、エリア全体の多様な資源や人材を活かして、多彩なアプローチが可能になるからです。住宅団地部の課題と田園部の課題とを「凹と凹」として捉えるのではなく、それぞれの良いところや強み、すなわち「凸」を活かしあう関係をつくりましょう。例えば、田園部で生産された新鮮な農産物（凸）と住宅団地部のまとまった購買力（凸）を活かしあったり、子どもを遊ばせる場所がなくて困っている住宅団地部（凹）と自然豊かで農業体験などもできる田園部（凸）とが連携したりすれば、地域内循環が生まれ、地域の経済的自立にもつながります。

地域にあるさまざまな団体（青少年団体、福祉団体、消防団、商店会、PTA、老人会、女性会、有志のまちづくり活動団体…）と、どのような関係を持てばいいのですか？

　自治協の多くは活動部会を設置し、各部会にはそれぞれの専門性に応じて地域内の各種団体が参加・参画しています。例えば、消防団なら「安全・安心部会」、青少年団体なら「子育て部会」という具合です。自治協で課題を共有し、知恵を出し合うことによって、当事者団体だけで考えるよりも良い解決法を思いつく可能性が高まります。地域内の各種団体が自治協に参画することは、地域課題に対して、地域全体で複合的・総合的に取り組むことができるということです。

事務局はどんな仕事を担うのですか？
事務局担当者に手当を支払う場合の財源は？

　事務局の位置づけは、地域によって異なりますが、運営を円滑に行い、地域自治活動を活発化させるのに大きな役割を果たします。「会計事務」や「庶務」といった業務だけでなく、地域内外の人や情報をつなぐ「コーディネーター」としての役割が期待できるからです。

　事務局が目配りして、住民の自主的・主体的な活動を後押しすることで、多様な人たちが活動に参加できるようになります。例えば「平日の日

中の集まりに出られないから、現役の勤め人が参画するのは無理」と思われがちですが、その時間帯の対応を事務局職員がフォローすることで、有能な人材に関わってもらうことができます。また、活動部会のメンバーがイベントの周知方法で困っていたら、チラシ作成やSNSでの広報に手を貸す（自ら手伝う以外にも得意な人を紹介する）ことで活動が活発になり、参加する仲間も増えます。拠点施設に事務局職員が常駐する体制が組めれば、あまり活動に参加できない人もふらりと立ち寄ってよもやま話ができ、地域の情報等が集まる環境が整います。

　こうした事務局職員の役割を、無償のボランティアや一年交替の役職のひとつとして担うのは難しいのではないでしょうか。地域で事務局職員を雇用し、中長期に役割を果たしてもらうことで、活動の継続性が担保されます。

　自治体が事務局職員の雇用経費（人件費）も含めた財政的支援を行うことが望ましいですが、事務局機能の重要性に見合う金額を支出している自治体は、残念ながら多くありません。人件費支援が無いまたは少額すぎる場合には、地域内で人件費を確保する方策を工夫しましょう。例えば、自治会・町内会等や各種団体の事務作業等を自治協の事務局で担うことで委託費を受け取る、公の施設の指定管理業務を担う、などが考えられます。地域内のさまざまな活動や組織、施設等との連携が進むような方策を考案してみてください。


### 団体の会計・経理はどの程度のレベルが必要でしょうか？

　自治協が任意団体である場合は、会計・経理の専門的な知識がなくても事務処理はできます。パソコンが得意な人に、あらかじめエクセルの表計算式を組んでおいてもらえば、会計担当者の作業は楽になります。ただし、補助金や助成金を受ける場合は、申請書や実績・決算報告書の作成等にある程度の知識は要るでしょうし、自治協を法人化している場合は、簿記の知識が必要です。

そのような場合は、詳しい人に助けてもらいましょう。地域内には行政や民間事業者で会計処理の経験があり、簿記ができるという人材がいるはずです。人は頼りにされるとうれしいものです。できないことを教えてもらうチャンスと捉え、一人でも多くの人に関わってもらうようにしましょう。

## 活動場所として使える施設（場所）がありませんが、どうしたらいいですか？

自治協の活動拠点施設（建物または部屋）は、事務仕事の場所というだけでなく、いつでも誰でもが気軽に来て、打ち合わせ等ができるオープンな場であり、円滑な組織運営に欠かせないものです。

自治体は、活動拠点の重要性を理解して、自治協が専用に使える場所を無償で提供するのが望ましいですが、適当な施設等がない場合でも、最低限、物品等を置いておける小スペースは必要です。自治協側も、空き家や空きスペースなど、無償または廉価で借りられる場所はないか、探して交渉する積極姿勢が求められます。

地区公民館等を自治協が指定管理者として運営し、拠点を確保する手法が各地で採られています。住民のより身近なところで、きめ細かなサービスを展開し、施設の価値を高める効果が期待できます。自治協にとっては、活動拠点を得られ、事務局人件費がまかなえるという利点がありますが、公平性の確保を忘れてはなりません。公平性が担保できていないと、公共施設の私物化という批判を受けかねないので注意が必要です。

## 各種の契約や登記のために法人格の取得を検討していますが、どのような法人格が適当でしょうか？

自治協に適した法人格を新たに制度化しようという議論はあるのですが、まだ具体化していないため、既存の法人格から目的に応じて選ぶことになります。財産の取得により法人登記をすることが目的の場合は、地方自治法による「認可地縁団体」が適当でしょう。構成員を明確にするなど一定

の条件が必要ですが、納税については法人化の前と後とで変わりありません（税務署に相談して下さい）。契約の主体として法人格が必要ならば、一般社団法人や特定非営利活動法人（NPO法人）といった選択肢があります。

また、自治協全体ではなく、一部だけを法人化するケースもあります。とくに、スピーディーに事業を進める必要がある場合やビジネス的な要素も入れたい場合は、活動の一部を切り出して一般社団法人やNPO法人のほか事業組合、株式会社等として独立させるケースもあります。

法人格の取得により、会計、総会等意思決定の方法、会員の定義、納税、情報公開などさまざまな責任が発生し、事務量も増えるので、態勢を整えておきましょう。（第3章参照）

## 3 ちょっとしたコツ（初級編）

### 組織運営をスムーズにするポイントはなんでしょう？

自治協や自治会・町内会等で活動している人たちが、自身が持つ力を発揮するには「対話の場」づくりが大切です。対話の場は、地域内のさまざまな情報が集まってくる事務局（あるいは事務局的な役割を担う部局や担当者）が提案して、運営すると良いでしょう。普段からヒト・モノ・コトの情報を集め、掛け合わせていくコーディネート機能を磨きましょう。

自治協の活動では、特定の目的で集まることが多いですが、目的がなくても気軽に集まれるような場があると、横のつながりが豊かになります。高齢者や子育て中の方、中高生ら、誰でもが来やすい場があれば、年代や属性を超えたつながりが生まれ、防犯・防災の面からも強い地域コミュニティとなります。

一例として「地域ラウンドテーブル」（円卓会議、井戸端会議）と称し、出入り自由な情報交換の集まりを、定期的に開いている地域があります。その場では、敷居が高くならないように、近況報告や参加の呼びかけ、意見交換等はしても、何かを決めたり具体的に動いたりはしない、と取り決

めている場合が多いようです。地域ラウンドテーブルをきっかけに、新た
な事業が生まれたという報告もあります。(第4章参照)

## 設立当初の活動や事業企画にあたっての留意点は？

　自治協の設立当初は、組織に対する期待が膨らむ一方で、運営や人材活
用のノウハウが確立されていない、という難しい時期です。当初の「楽し
さ」が「やらされ感」になってしまわないように、参加者が得意分野の活
動をすることで、役割と居場所を見つけられるようにしましょう。

　自治協の存在とその意義について、活動をとおして実感してもらうこと
が大切です。関わっている人たちが楽しそうに活動し、周囲にやりがいを
伝えることで、参加者の輪が広がります。そうすれば、地域の困りごとの
相談や新規事業のアイデアなどが持ち込まれて、次の活動の展望が見えて
きます。

## 先進地の視察を考えていますが、探し方や注意点を教えてください。

　自治協の先進事例は、総務省や内閣府の報告書等で探す（国では「地域
運営組織」と記載していることが多い）ことができますが、いま、つなが
りのあるところから縁をたどって探す方が、草の根的な動きは把握できる
でしょう。注意が必要なのは「この地域は特別だ（うらやましいが、うち
では無理だ）」と気勢をそぐ結果になってしまわないようにすることです。
他地域がどんな事業を行っているか（結果）だけでなく、どのように取り
組んだのか（プロセス）を学ぶことで、自分たちの地域にも応用すること
ができます。

　有意義な視察となるよう、質問項目を精査し、できればリーダーだけで
なく複数のメンバーから話が聞けると、より深い学びになります。いまは
コロナ禍で訪問が難しくなっていますが、オンラインを使って学び合って
いきましょう。

## 新しく移住してきた人に参加してもらう方策は？

移住者は（交流人口や関係人口も含めて）、地域の大切な一員です。地域自治活動への参加は義務ではありませんが、せっかくならば参加してもらい、声をかけあい助けあえる仲間になりたいものです。とっかかりとして、子どもがいる世帯であれば親子で参加する行事に誘ってみるなど、暮らしの延長上や興味関心が深い分野の活動から、無理なく関わってもらえるようにしましょう。

声がけの手法も、回覧板だけでなく、SNS の活用を検討してください。LINE のオープンチャット等を活用することで、情報の発信や共有ができます。ICT を使えば、移住者も分からないことを気軽に尋ねることができ、知り合いが増えて、地域自治活動に参加しやすくなります。

京都府南丹市、長野県伊那市（全校区）や石川県七尾市高階地区などでは「地域（集落）の教科書」を作成し配布しています。地域の情報（人口、地勢、祭り等）や施設の紹介、行政手続きやゴミの出し方、集落での習慣や近所づきあいのコツ、自治会長・区長の紹介など移住者が地域になじむための情報を、イラストや写真、マップを多用して懇切丁寧にまとめています。地区住民らが NPO の支援を得ながら作成し、古くから住んでいる人達にも便利だと好評のようです。

最近はグローバル化が進み、外国籍の住民も増えてきました。"食"など互いの文化を楽しく学べるテーマから交流を深め、違いを認め合いながら、つながりを深めましょう。その際、外国語が得意な人や異文化理解に関心がある人たちを誘うことで、コミュニケーションが取りやすくなるだけでなく、新たな人材の発掘にもつなげられます。

## 4 話し合う、合意する、学ぶ

### 「地域の声」をどうやって声を集めたらいいでしょう？

地域の声は「こんなまちになったらいいね」という夢や、暮らしの中の

困りごと、その把握の仕方や解決策の提案まで、多岐にわたります。どんな人の、何に関する声を聞くかによって、集約の方法は異なり、小さな声を聞き漏らさない工夫も必要です。

　例えば、住民集会などでも、最初からトップギアで対話ができる人の集まりと、慣れていない人の集まりとでは、雰囲気づくりやプログラムを変えないといけません。ワークショップを行う際も、高齢者の中には模造紙を見たり、自分でマジックを持って書き込んだりする作業が苦手な人もいますので、抵抗感を持たれない工夫が必要です。互いの話に耳を傾ける温かな雰囲気づくりを心掛け、心理的な壁を低くしながら、丁寧に進めましょう。何らかの事情で集まりに参加できない人に対しては、その人と信頼関係を構築できている人たちが声を集めに回ることが有効です。

　解決策の提案などは、ふだんからその課題に関心を持ち、考え続けていないと、いきなりは出てきません。自身の考えを持つためには、情報が共有されていることが大前提です。住民が地域情報を共有するしくみをつくり、必要な情報がきちんと届くようにしておきましょう。(第4章参照)

> ## 「地域の合意形成」は、どんな場合に必要ですか。
> ## どんなやり方をすればいいですか。

　自治協には（自治体から認定・認証されている組織は必ず）総会や運営委員会といった意志決定のしくみが規約で位置づけられています。いつ、どこで、どのように決めたかの手続きを明確にし、民主性や透明性を確保するためです。

　地域の合意形成には、最後の一人の声まで大切にしていく（住民の総意を必要とする）活動・事業の合意形成と、最初の一人の声や発想を大切にしていく（創意工夫や柔軟性が求められる）活動・事業の合意形成との2種類があります。前者は住民の命や財産、暮らしの基盤に関係することで、総意を得るため、丁寧な説明と対話の場が必要です。一方、若者の活動応援や移住の推進など、新たな発想を大切にしたい活動は後者で、誰もが発

言しやすい場で合意をつくります。いずれにせよ、地域すべての活動ですから、民主的に決めなければなりません（第4章、第5章参照）。

## 住民にきちんと届く周知・広報の仕方は？

誰に何を届けたいのか、またその情報を受け取った住民にどうしてほしいのかによって、情報を発信する手法は変わります。例えば、高齢者には広報紙などの紙媒体に加え、放送や対面での直接説明などが有効です。若い人であればホームページやSNSを使うのが効果的でしょう。

どの年代にも共通するのは口コミです。誰かに誘ってもらったり、一人ではなく友だちと一緒だったりすると、参加しやすくなりますから、参加募集の呼びかけを口コミで広げていくと良いでしょう。

広報紙や集会だけでは、もともと興味や関心のない人には届かないかもしれません。「意識して読む」や「わざわざ足を運ぶ」行為は、案外ハードルが高いのです。そこで、多くの人が集まる場所や機会を捉えて、広報や啓発の仕掛けをすると良いでしょう。例えば、イベント会場の一角で防災グッズを展示したり、運動会のプログラムにバケツリレーのような競技を入れたりすると、自然なかたちで防災に関する関心を高めることができます。地域の魅力的な場所を撮影した写真展なども住民の関心を高める効果があります。

## 一般住民に、もっとまちづくりについて知ってもらうには、どうしたらいいでしょう？

これまで地域の活動をしてこなかった住民は、案外、地域のことを（魅力も課題も含めて）知らないものなので、まずは、タウンウォッチング（まち歩き）を開催して、再発見する機会を設けてはどうでしょう。これまで何もないと思っていた地域に、実はたくさんの"お宝"があることを知ると、地域に対する興味がわき愛着が深まります。

各種の統計データや公式情報等から"エビデンスベース"で地域の姿を

捉えることも大事です。エビデンスベースとは、事実や根拠に基づいたという意味で、地域の将来像を話し合うときにも、統計データや地域に関する各種の情報が一覧できる「地域カルテ」があると、話が具体的になります。地域カルテをつくる作業に関わってもらうと、地域に対する関心を深め、課題を共有することができます。

　既述の地域ラウンドテーブルも学びの場として有効です。正面切って「地域課題を学ぼう」というと身構えてしまう人も多いですが、ラウンドテーブルで地域の魅力や問題点、活動実践者の様子について誰かが話すのを聞くうちに、まちに詳しくなります。自治協が地区公民館の指定管理者になっているなら好都合です。もともと公民館の設置目的は、生涯学習活動の推進を通した住民の生活の質の向上と、自立した市民の確立ですから、まちづくりと学びを融合させて、活動を広げていきましょう。（第4章参照）

## ⑤ 住民間の仲間づくりと成長、リーダー育成、関わり方の濃淡の許容

自治協の活動に、多彩な住民を誘い込むにはどうすればいいでしょう？

　住民が自治協の活動に参加・参画するパターンには二つあります。一つ目は、所属組織からの"充て職"として役員等に就任する場合で、任期終了後も個人として活動を続けてもらえるよう、仲間とのつながりをつくる機会を設けましょう。もう一つは、活動に共感して自ら参加・参画する場合です。このような人たちを誘い込むために、広報紙や口コミで呼びかけ、興味を持った人が気軽に参加の体験ができる機会をつくると良いでしょう。どちらの場合も、継続的に関わってもらうためには、やりがいを見出してもらい、自分の役割や居場所があると感じてもらうこと、共感しあえる仲間がいることが大切です。

　地域の中には「専門知識や特技はあるが、どう関わればいいのか分からない」という人材もいるはずです。「こういう人がいてくれたらいいな」という活動現場のニーズと、専門人材とをつなぐコーディネーター的な役

割ができる人を確保するとともに、人材登録バンクなどのしくみを構築しておくと良いでしょう。

「決められた時間に参加できない人はダメ」と考えがちですが、「仕事や家庭の事情で活動できる時間帯が異なるからこそうまく分担できる」というふうに発想を切り替えてみませんか。分業（例えば在宅で夜にできるパソコン作業だけ依頼するなど）を進めてみたら、参加・参画する層が厚くなります。誰もが同じように活動の時間を確保できたり、必要なスキルを持っていたりするわけではありません。違いを認め、互いの事情を理解しあえる土壌をつくることが重要です。

また、休みがちな人や途中から参加した人たちが、疎外感を感じないような配慮も必要です。例えば複数回シリーズの企画でも「全回参加」を条件とせず「参加できる回だけでも可」としておくと、参加のハードルが下がり、一度参加した人が次は友だちを連れてくるなど、広がりが期待できます。途中参加の人がついていけるように、前回のふりかえりの時間を設け、これまでのまとめを配布する、といった配慮も忘れずに行ってください。

## リーダーを担ってくれる人をどうやって探せばいいでしょうか？

いきなりリーダー格の人材が現れることは、まずありません。活動を通して経験を重ね、現リーダーの側で支える役割を担ったりしながら、徐々に育っていくケースが多いです。そのためには、チームでフォローし合いながら、新たなことにチャレンジできる環境をつくるのが良いでしょう。一人一人のスキルが上がるとともに、チーム力が高まり、自然とリーダー格の人材と、その人を支えるサポート隊が育っていきます。

経験やスキルは、ほかの地域での活動やテーマ型活動、自治体や企業等での社会人経験の中でも養うことができます。移住者が、周囲に支えられてリーダーとなることも少なくありません。いずれにせよ、新しいリーダーとなる人材が人脈を広げ、地域住民から認められるように、事務局やリーダー経験者らがしっかりと支えていくことが重要です。

## 次世代も含め、幅広く地域自治活動の意義を伝えるためには？

リーダーだけに役割や責任を負わせるのではなく「1人の100歩より100人の1歩」の考え方で進めていくと良いでしょう。それぞれの得意分野で自らの能力を地域社会に還元することにより、自己実現を果たし、活動の意義を実感することができます。

活動をしていると、感謝の言葉等をもらえることもあります。そうした言葉は励みになるので、携わっている全員で共有しましょう。「心の報酬」となるような事柄は、モチベーションを維持するとともに、地域活動の意義を再確認するきっかけにもなります。

名張市では、自治協活動にあたっての課題、スキル等を整理し、次世代に伝える手引きとして『持続可能な地域づくりのための なばりまちブック』を作成しています。

## 活動・事業に参加しない人を、どう考えたらいいでしょう？

「2：6：2の法則」をご存じでしょうか。集団内には上位の（熱心な）人材が2割、平均的な中位が6割、下位の（不活発な）人たちが2割ぐらいいる、という見立てのことです。働きアリの世界では、上位の2割や下位の2割を取り除いても、残った集団でまた同じように「2：6：2」に分かれるそうです。

自治協についても、「仕事が忙しい」「子育てや介護等で時間がない」「人と話すのが苦手」「活動のことを知らない」「興味がない」などの理由で、活動に参加しない、できない人がいます。大切なのは、そういう不活発な人たちがいることを認め合い、地域としてその人たちを排除しない、ということです。例えば、集いに参加するのが苦手な人は一定数いますが、苦手なのが悪いと決めつけず、その人とつながる別の方法を探しましょう。例えば、その人がいつも行っている農地や公園、喫茶店などなじみのある場所で、無理なく交流できる機会を設けてはどうでしょう。そういう場や

機会を積み重ねていけば、災害などいざという場合に地域全体で対応できるセーフティーネットの目が細かく詰まってきます。

「リーダー役はできないけど○○なら手伝うよ」「準備はできないけど当日参加するね」という「6」の人材は、自治協活動にとって欠かせない存在です。「それぞれができるときにできることで地域に携わる（多様な関わり方を認める）」という姿勢を、組織の基本原則にしましょう。

### 私は何をしたらいいでしょう？

専門的な知識やスキルは持っていない、という人にも、たくさんの役割があります。「リーダー役はできないけど、やり方を教われば手伝いはできる」という人たちがいるからこそ、地域の活動は成り立っているのです。「特技」とまでは言えなくても「好きなこと」を活かして活動に参加するのが長続きするポイントです。例えば、子どもと遊ぶのが好きなら子育て支援活動のスタッフに、人と話すのが好きならコミュニティカフェのスタッフに、野外作業が好きなら植栽活動や環境保全活動などに、といった具合です。

「私には特技なんてない」と思っている人も、例えば「会社で会計事務をやっている」「お菓子作りが趣味」「イラストを描くのが好き」「以前にデザイン会社にいたので、チラシぐらいなら作れる」など、自分では気づいていない能力や可能性があるはずです。地域活動の中で可能性を引き出していくことで、活躍の場や居場所が生まれていきます。

## 6 お金の話―財源確保、事業収益の考え方―

### 自主的な財源を確保するためにはどうしたらいいでしょう？

自主財源の確保の方法は、都市部と農山漁村とでは大きく異なります。都市部では地域内の公の施設の指定管理などが大きな財源としてあげられますが、農山漁村では、第一次産業を活かしたコミュニティビジネスとして展開できる場合もあります。実際に、事業者等が撤退した店舗跡を使っ

て、住民たちが小売店やガソリンスタンドを運営したり、太陽光発電事業でエネルギーの地産地消に取り組んでいるところもあります。コミュニティビジネスに取り組む場合は、収益（財源）の確保だけが目的ではなく、地域住民の安全・安心や、心豊かな暮らしの実現こそが狙いであることを忘れないでください。例えば「道の駅」の運営なども、それが地域の公益にかなう事業であるならば、取り組む体制を整える必要があるでしょうし、自治協が手掛ける必要がないと判断すれば、ほかの主体に任せましょう。

　また、事業を別々（縦割り）に捉えるのではなく、事業・スペース・人などをうまく活かし合いながらできることはないのか、連携方策を探ることも大事です。

## 活動資金に充てるために会費などを徴収した方がいいでしょうか？

　組織に属するという意味合いでの「会費」制度は、自治協のしくみには、あまりなじみません。それでも、会費や協賛金などを、特定の事業や部会活動のために集めることで、地域住民が自治協やその活動について知る、参加する、応援するきっかけにはなります。

　会費を払わない人が出てくるかもしれませんが、強制的に徴収することはできません。一方で、自治協が行うサービスは、地域内のすべての人が享受する権利があるので、会費を集めるとフリーライダー問題が発生する恐れがあります。会費制を採用する際には慎重な検討が必要です。(第2章、第4章参照)

　また、集めた会費や交付金の使途として、住民の共感が得られるかどうかを常に意識する必要があります。使い道を決める（予算を立てる）際には、住民の意見を聞き、透明性の確保を心がけましょう。

## 自治協の活動で収益が出ました。行政からの交付金を返還する必要があるのでしょうか？　また、税金がかかるのでしょうか？

　自治協の収益事業の捉え方は、地域によって、さらに交付金や補助金等

を出している自治体の判断によって異なります。収益を上げて雇用を生み出したり、地域活動の赤字事業の穴埋めをしたりすることに公益性が認められることもあります。

　一般論では、収益活動の原資には売上金を充当します。例えば、地域のお祭りで綿菓子をふるまう場合、有料であれば綿菓子の材料代には売上金を充当しますが、無料でふるまうのであれば交付金や補助金を充てることは問題ないと考えられます（自治体の交付要綱等の規定によります）。収益事業を行う場合は、常にどの財源で充当するかをしっかりと整理しておく必要がります。

　自治協の活動であっても、収益事業は課税対象となることがあるので、あらかじめ税務署に相談しておくと良いでしょう。収益事業部門を別組織（例えば株式会社、事業組合等）として独立させるやり方もあります。このあたりも専門家と相談してみてください。

## 7 さらにひと工夫を加える
### ―活動の評価、自治協間のネットワーク―

### 活動や組織のふりかえりをするためコツは？

　地域の状況は時間の経過とともに変わっていきますから、組織の体制や活動内容を適宜、見直すことが必要です。組織体制などの大きな変更は、数年に一度の「地域まちづくり計画」の改訂時に検討することが多いですが、各部会の事業など日常的な活動は、年に数回はふりかえりを行うことをお勧めします。それによって、活動メンバーの"気づき"を促し、事業の質も高まるからです。

　ふりかえりの道しるべとなるのが、指標です。事業の認知度、組織の民主性・透明性などを客観的に確認することで、改善につながります。アンケートは、実施にかなりの労力が必要ですが、住民の困りごとや地域づくりに関する意見を幅広く聞き、事業展開の方向を探る良い機会になります。

　名張市発行の『持続可能な地域づくりのための　なばりまちブック』第

5章には「a）地域づくり組織と活動・事業の活性化」、「b）市民の地域自治への関わりの多様化、深化」、「c）持続可能な地域づくり」で計128の指標が掲載されており、同市のホームページからダウンロードできます。（第4章参照）

### ほかの自治協とも交流・連携したいのですが、どうすればいいですか。

　自分たちの活動や体制を点検する意味でも、ほかの自治協と交流・連携し、学び合い、刺激を受ける機会を持つことは重要です。同じ自治体内でのネットワークはもちろん、他地域の自治協やさまざまな団体と交流・連携することで、多様な考え方や手法を学ぶことができ、時には互いの得意分野を活かした新たな事業が生まれることもあります。自治体や中間支援組織が事例発表会や合同の研修会などを仕掛けることもありますし、地域住民が音頭をとって、相互の視察や共同の事業を企画することもあります。特定の役職や部会員間で情報交換や合同研修会（例えば、会計担当者の情報交換会や部会の合同研修会など）もどんどん行うと良いでしょう。

　2015年に結成された「小規模多機能自治推進ネットワーク会議」（事務局：島根県雲南市）は、地域自治のしくみを持つ自治体などが集まる日本最大のネットワークで（2022年5月時点で自治体274、団体51、個人19の計344の会員がいる）、各地でブロック会議や研修会を開いています（第7章事例4参照）。

## 8　世代交代のポイント、活動の整理（棚卸し）と縮退

### 役員が高齢化していますが、どうすれば次世代にバトンタッチできるでしょうか？

　次世代にバトンタッチするには、まずは若い世代に活動に参加・参画してもらわなければなりません。そのためには、若い世代が発言しやすく、自分たちがやりたいことを実現できたり、参加・参画する楽しさを実感できたりすることが大切です。若い人たちの新たな発想による事業やその準

備作業に対して、地域全体が寛容に受け止め、応援しましょう。「前例」にこだわらず、思い切って任せることも大切です。任されると責任を感じ、想像以上の成果を上げてくれるかもしれません。上の世代の人たちは「前例では…」などと口を出さない方が、若い世代の自主性を伸ばすことができます。ただし、危機管理に関するアドバイスは行ってください。

　若い世代と年配の人たちの間に、地区内のジェネレーションギャップ(世代間に生じる考え方の違い)を埋めてくれるコーディネーター(通訳してくれる人)的な人がいると、相互理解がうまくいくでしょう。移住者や外部資源提供者らと地元住民の間にも、コーディネーターが入ることで、コミュニケーションがうまくいきます。

> 地区の人口が減り、自治協の事業の幾つかを整理したいと思っています。また近い将来、組織の合併や解散も考えないといけませんが、どのような手順を踏めばいいですか?

　自治協は地域の持続性を高めるしくみではありますが、限界はあります。ギリギリまで頑張っていた役員がいなくなった途端に活動がすべて止まってしまう、という事態を招かないためにも、余力のあるうちに事業の優先順位(なにを最後まで残すのか)を決め、時間をかけながら自治協の体制を「緩やかな縮退」に持っていく必要があります。

　まずは自治協の事業と、それを行う組織を見直す「棚卸作業」を始めましょう。行事の開催回数を減らしたり、事業を終了したりするのもやむを得ません。最後まで残すべき機能と活動を精査し、それを確実に行うための組織構成(部会の整理統合)にしましょう。おそらく、最後まで残すのは「福祉」や「防災」など、命と直結する活動で、地域によっては「伝統行事はなんとしても続ける」という選択肢もあるでしょう。

　また「止める」だけでなく「形を変えて続ける」活動も併せて考えてください。例えば、対面行事は減らしても、広報紙の発行等は続けて近況を知らせ合ったり、インターネットを使う講習会を開いた上で新たにオンラ

インの井戸端会議を開催するなどすれば、親ぼくや交流の機能はさほど低下させずに済みます。

　棚卸を始めるタイミングとして「地域まちづくり計画」を改訂する際に、人口推計や活動の担い手の意向調査を参考にしながら、10年後（地区によっては数年後）の姿を想定するのが良いでしょう。自治協内に特別部会（プロジェクトチーム）を設け、第三者的な視点でアドバイスをくれる外部の専門家に加わってもらい、住民の意見も聞きながら話し合ってください。事業を止めたり、部会や活動グループを休止する場合は、いきなり「来月から中止」という閉じ方は避け、記録を整理したり、感謝の集いを開いたりして、1〜2年かけながら軟着陸させたいものです。

　将来的に、指定管理者として運営していた拠点施設の管理ができなくなったり、自治協組織の維持が難しくなるケースも出てくるでしょう。自治体から認定・認証を受けた自治協であれば、大きな変更（指定管理者を止める、活動を停止する）をするには総会の決議が必要ですが、すでに総会を開催する余力がない場合も考えられます。その場合は、行政と話し合って、書面による同意や持ち回り決議など、簡易な意思決定の方法を工夫してください。行政側も、余力のあるうちに「地域の拠点施設を直営に戻すか、廃止するか」「自治協が活動を休止した後の住民サービスをどうするか」等の課題について、検討しておくことが求められます。

　自治協の「閉じ方」については、作法や決まりがあるわけではありません。集団移転や学校を廃校する際のセレモニー等を参考に、感謝会を開いたり、記録を整理してまとめたり、モニュメント的なものをつくるなど、「長年、やってよかった」という達成感が得られる閉じ方を工夫してください。活動を休止した後も、時々は役員や部会員の“同窓会”を開けるような関係づくりを目指しましょう。

## あとがき

　筆者は、前著『コミュニティ再生のための　地域自治のしくみと実践』（2011年）の最終章で、団体自治と住民自治の双方に向けて、地域自治システムや自治協がうまく作動するための「地域自治の十箇条」を提起した。約10年が経過した今、その意味と現状を再確認してみたい。

①自治体条例で、住民自治協議会（以下「自治協」という）の位置づけ、権限権能を明確に担保すること。

②自治体の基本構想・総合計画に自治協を位置付けること（将来的には、下記⑧の自治協単位の地域別計画と全市分野別計画との二層構造にすること）。

③自治協のエリアは、最大で小学校区程度までとすること。

④自治協の構成や代表性は、地域別（□）、課題別（○）、性別・世代別（△）を担保すること。

⑤地域予算（地域交付金）制度を確立すること。

⑥支所・支援センター機能を活用し、行政との連携・調整能力を強化すること。

⑦地域担当職員との連携・調整を密にすること。

⑧情報を共有し、誰にでも分かりやすい地域ビジョン、地域別計画を策定すること。

⑨コミュニティ・ビジネスなどにより自主財源を獲得し、広報誌が発行できる常設事務局機能を確立すること。

⑩以上を通じて、何よりも「面識社会」を作っていくこと。

　①の自治体条例による位置づけの明確化は、かなり浸透してきた。

　②の総合計画等への位置づけは、残念ながらあまりなされていない。住民自治のしくみづくりは、縦割りの部門別政策の1つではなく、全体を横断的に貫く課題であることから、総合計画本体の政策分野ごとに、住民や自治協の役割が明確に記述されなければならない。

③のエリアは、「小学校区が基本」と誤解されているきらいがあるが、本来は「面識社会」が成立するのは、おおむね明治時代の旧村、字単位の人口・面積程度までであるとした趣旨であった。自治協のエリアは「小学校区単位」ではなく「小学校区以内の小さなエリア」が望ましい。

　④の構成に関する留意事項は、執行部の構成や総会など合意形成の場における少数者への配慮であると同時に、多様性を確保する手法でもある。自治会・町内会等の代表は□の地域別代表である。○の課題別は、福祉、保健、文化、環境、安全、防災、防犯などの課題別団体からメンバーが自治協に参画し、地域の課題に包括的に対応できる体制が望ましいということだ。△は人口ピラミッドのイメージで、女性の参画や年代別バランスへの配慮だが、これが現実的には難しいようだ。就学前の子どもを抱える家庭や小・中学生の立場を代弁する者、高校生・大学生、その他の若い世代や障がいのある人の参画も求めたい。8章のＱ＆Ａにあるように、働いている人や移住者、在住外国人にも参加してもらう工夫が欠かせない。

　⑤の地域予算制度は、地域交付金として制度化している自治体が多い。交付金の積算根拠や予算総枠設定のルールなど、自治体同士で情報交換しながら、より地域が使いやすい制度にしていってもらいたい。

　⑥の行政による支所・支援センターについては、活用どころか集約化や機能縮小、廃止の傾向にあるが、本庁から遠い場所にある自治協への支援がおろそかにならない工夫が必要だ。

　⑦の地域担当職員制度のあり方は「総力戦型」と「専門職型」とに分岐しつつある。初動期は職員の意識改革の効果が高い「総力戦型」が適しているが、その後、専門職型に移行するかどうかの判断は、当該自治体の「参画・協働」システムの浸透度と深く関係している。

　⑧の自治協による「地域ビジョン、地域別計画」や「地域まちづくり計画」の策定は、今日ではほぼ一般的になったが、計画の進行管理や評価も行っている組織はまだまだ少ない。

　⑨は、事務局体制の強化については必要性が認識されたが、自主財源確

保の取り組みはあまり進んでいない。行政からの交付金や補助金頼みでは、活動が安定せず、思い切った自主事業ができない恐れがある。地域交通や空き家管理など有償事業の可能性の検討も含めて、自立の道を探ってもらいたい。

⑩では「面識社会」づくりの重要性を強調したが、今はコロナ禍で対面行事の開催が難しくなっている。ICT を使って新しい交流形態を編み出し、面識社会を保つ工夫が求められている。

この十箇条は、今なお「地域自治システム」の構築に向けた道しるべであり、多くの自治体でまだ道半ばではないか、と私たちは考える。

1 章でも述べたが、地域や社会の状況は変化し続けている。「名望家型リーダー」が枯渇し、自治会・町内会等も組織率や活動が低迷して、互助どころか地域社会の共同性を意識しない住民層が増え続けている。

その意味で、第 7 章で述べた現代型の「市民教育」いわゆるシチズンシップ教育が重要である。これは、ともすれば中高年世代の教養や娯楽に陥りがちな "余暇社会型生涯学習" から、住民自治の担い手である市民が登場し活躍しうるための教育・学習へと転換を図ることである。

このシチズンシップ教育では、個人及び集団における自己決定能力の向上支援が主題となる。前者は、個人の人生や生活の各場面における自立につながる力であり、後者は集団がコミュニティやアソシエーションにおいて議論し、折り合いながら合意を形成する力である。創造都市論で知られるリチャード・フロリダによると「創造都市」が備えるべき必須資源は、人材（Talent）、人材同士の合意形成スキル・技術（Technology）の開発、多様な人材を受け入れる寛容性（Tolerance）の三つの T である。日本の地域コミュニティ政策においても、この 3T が欠かせない。

実際、10 年前と比べて、地域コミュニティをめぐる状況は厳しくなり、コロナ禍がそれを加速している。そこでは交流や親睦だけでなく、地域経営的な視点が必要とされてくる。例えば JR 西日本は、コロナ禍で急激に膨らんだ赤字路線の実態を初公開し、関係機関に対して具体的な議論と協

力を求めた。今後、いかにして住民の足を確保するかは、住民自治にとっても避けて通れない課題である。これは西日本だけの話ではないだろう。

　その他にも、今後全国的に本格化してくる課題として、拠点施設の老朽化や助成金・交付金の先細り、空き家や空き店舗の増加、生活必需品購入拠点の消失などが考えられる。自治協の活動ですべての課題を補完・解決できる訳ではないが、自治協がなければ面識社会が保てず、皆で立ち向かおうという気概が生まれないことは確かである。

　地方自治の存亡は、住民自治の充実つまり自治協活動の将来にかかっている。

　最後に、いささかの説明と謝意を申し述べたい。

　本書は、中川幾郎と直田春夫、田中逸郎、相川康子の四人の討論と共同作業によって全体を企画し、それぞれがⅠ、Ⅱ、Ⅲ各部の調整を担当した。しかしながらその全体的な責任は編者である中川にあることを明確にしておきたい。

　この企画に賛同して各章の執筆にご協力をいただいた皆様全員に、紙面をお借りして御礼を申し上げる。また、取材や資料提供でご協力いただいた地域自治の現場の方々や自治体職員の皆様にも感謝を申し上げたい。さらに、前著に続き、地域自治のしくみに関する出版を温かく支援してくださった、学芸出版社の岩﨑健一郎氏と学芸出版社に、心からの感謝を申し上げる。

執筆者を代表して　中川幾郎

## 著者紹介

### 編著者

**中川 幾郎**（なかがわ　いくお）

帝塚山大学名誉教授、大阪大学博士（国際公共政策）、地方自治、行政学、公共文化政策などを専攻。日本文化政策学会顧問（初代会長）、自治体学会顧問、コミュニティ政策学会副会長などを務める。著書に『分権時代の自治体文化政策』（勁草書房、2001 年、単著）、『行財政改革と自治体人権政策』（解放出版社、2007 年、単著）、『コミュニティ再生のための　地域自治のしくみと実践』（学芸出版社、2011 年、編著）など。

### 著者

**相川康子**（あいかわ　やすこ）

特定非営利活動法人 NPO 政策研究所専務理事。1965 年生まれ。神戸新聞社で 20 年勤務し、阪神・淡路大震災後の互助・共助活動や復興まちづくりを取材。退社後、複数の大学で非常勤講師をしつつ、男女共同参画による地域防災に関する研修を各地で手掛ける。

**阿部昌樹**（あべ　まさき）

大阪公立大学大学院法学研究科教授。京都大学法学部助手、大阪市立大学法学部教授等を経て、2022 年 4 月より現職。主著に『自治基本条例─法による集合的アイデンティティの構築』（木鐸社、2019 年）等がある。

**直田春夫**（すぐた　はるお）

特定非営利活動法人 NPO 政策研究所理事長。コミュニティ政策学会理事・編集委員。1948 年箕面市生まれ。朝来市、名張市、伊賀市、豊中市、丹波市、西脇市、吉野町、広陵町等で地域自治システムや自治基本条例の策定を支援。

**三浦哲司**（みうら　さとし）

名古屋市立大学大学院人間文化研究科准教授。同志社大学大学院総合政策科学研究科博士後期課程修了（博士・政策科学）。同志社大学高等研究教育機構助手などを経て、2014 年 4 月より現職。主著に『自治体内分権と協議会』（東信堂、2021 年、単著）など。

**田中逸郎**（たなか　いつろう）

特定非営利活動法人 NPO 政策研究所理事、コミュニティ政策学会理事、自治体学会評議員、滋賀医科大学非常勤講師。大阪市立大学大学院創造都市研究科博士後期課程単位取得満期退学。大阪府豊中市役所において、市民活動課長、教育委員会生涯学習推進室長、政策企画部長を経て、2010 ～ 2018 年豊中市副市長。

**馬袋真紀**（ばたい　まき）

朝来市職員、与布土地域自治協議会部会長。市民自治のまちづくりの推進、市民参加による創生総合戦略や総合計画の策定等を経て、現在は行政マネジメントを担当。与布土地域では、対話の場づくりや若者の人材育成の場づくりを進めている。

**飯室裕文**（いいむろ　ひろふみ）

兵庫県宝塚市に在住。1999 年以降、地元の自治会、まちづくり協議会の運営や活動に関わっている。また、2012 年に宝塚市協働の指針策定委員、2013 年から現在まで宝塚市協働のまちづくり推進委員。

**板持周治**（いたもち　しゅうじ）

雲南市政策企画部次長（兼）地域振興課長。平成 24 年度から小規模多機能自治を担当。『SDGs 時代のパートナーシップ　成熟したシェア社会における力を持ち寄る協働へ』（学文社、2020 年）などに寄稿。

**松田泰郎**（まつだ　やすろう）

豊中市役所都市経営部とよなか都市創造研究所職員。1982 年中央大学法学部卒業後、豊中市役所に入職。人事課長、人権文化部次長、市民協働部長を歴任し、2018 年退職後、とよなか地域創生塾の担当として地域人材の育成事業に従事。

## 地域自治のしくみづくり
## 実践ハンドブック

2022 年 8 月 1 日　第 1 版第 1 刷発行

編著者………中川幾郎
著　者………相川康子・阿部昌樹・直田春夫・
　　　　　　三浦哲司・田中逸郎・馬袋真紀・
　　　　　　飯室裕文・板持周治・松田泰郎

発行者………井口夏実
発行所………株式会社 学芸出版社
　　　　　　京都市下京区木津屋橋通西洞院東入
　　　　　　電話 075-343-0811 〒 600-8216
　　　　　　http://www.gakugei-pub.jp/
　　　　　　Email　info@gakugei-pub.jp
編集担当………岩﨑健一郎

ＤＴＰ………株式会社 フルハウス
装　丁………金子英夫（テンテツキ）
印　刷………イチダ写真製版
製　本………山崎紙工

Ⓒ 中川幾郎他 2022　Printed in Japan
ISBN 978-4-7615-2823-2

## ▌世界に学ぶ地域自治　コミュニティ再生のしくみと実践

大内田鶴子・鯵坂学・玉野和志 編著
廣田有里・齊藤麻人・小内純子・太田尚孝・中田晋自・荒木千晴・細淵倫子・
陸麗君・内田和浩 著
A5判・256頁・本体2500円＋税

災害や高齢化等の地域課題に対応する主体として地域自治組織への期待が
高まっている。家族・社会・経済状況の変化や移民の流入などによって多
様化する地域をどう再編し、安定的・開放的な地域自治組織をどうつくるか。
世界各国の事例から、日本における地域コミュニティづくりの可能性とヒ
ントを探る。

## ▌コミュニティカフェ　まちの居場所のつくり方、続け方

齋藤保 著
四六判・232頁・本体2000円＋税

誰もがふらっと立ち寄れ、居心地の良い空間を楽しめる。出会いがあり、
交流が生まれ、地域活動やまちづくりにつながることもできる場。そうし
たコミュニティカフェの魅力と、運営のノウハウを各地の事例も紹介しな
がら紐解く。著者は開設15年目を迎える港南台タウンカフェを主宰し、全
国で開設・運営の支援に携わっている。

## ▌社会的処方　孤立という病を地域のつながりで治す方法

西智弘 編著／西上ありさ・出野紀子・石井麗子 共編　藤岡聡子・横山太郎・
守本陽一・森田洋之・井階友貴・村尾剛志 著
四六判・224頁・本体2000円＋税

認知症・鬱病・運動不足による各種疾患…。医療をめぐるさまざまな問題
の最上流には近年深まる「社会的孤立」がある。従来の医療の枠組みでは
対処が難しい問題に対し、薬ではなく「地域での人のつながり」を処方す
る「社会的処方」。制度として導入したイギリスの事例と、日本各地で始まっ
たしくみづくりの取り組みを紹介。

## ▌つながるカフェ　コミュニティの〈場〉をつくる方法

山納洋 著
四六判・184頁・本体1800円＋税

コミュニティカフェを開けば、イベントで人を集めれば、「場づくり」にな
るのか? 人が出会い、つながる「場」は、どのように立ち上がるのか?
著者自身が手掛け、また訪ねた豊富な事例をもとに考える、「人が成長する
場」、「他者とつながる場」、「創発を生む場」としての「カフェ」を成立さ
せるための機微と方法論。

建築・まちづくり・
コミュニティデザインの
ポータルサイト

✍ WEB GAKUGEI
www.gakugei-pub.jp/

📄 図書目録
📄 セミナー情報
📄 電子書籍
📄 おすすめの 1 冊
📄 メルマガ申込 (新刊 & イベント案内)
📄 Twitter
📄 Facebook

学芸出版社 — Gakugei Shuppansha